NÄH DOCH EINFACH!

MEINE LIEBLINGS-OBERTEILE *nähen*

ONLINE-VIDEOS UND SCHNITTMUSTER

Die Videos zu diesem Buch stehen in deiner Digitalen Bibliothek unter **www.topp-kreativ.de/digibib** nach erfolgter Registrierung zum Anschauen bereit. Die Schnittmuster kannst du in der Digitalen Bibliothek downloaden. Den Freischaltcode findest du im Impressum.

Dieses Symbol zeigt dir, wo ein Video zur Verfügung steht.

NÄH DOCH EINFACH!

MEINE LIEBLINGS-OBERTEILE nähen

MIT STEP-FOTOS UND VIDEO-ANLEITUNGEN
ZU JEDEM MODELL IN GRÖSSE 32-60

SEWSIMPLE

SABINE SCHMIDT

Vom figurbetonten **TOP** über lässige **SHIRTS**, **BLUSEN** und **SWEATER** bis hin zum kuscheligen **KAPUZEN-PULLUNDER**: Wie wäre es, wenn du künftig deine Oberteile ganz einfach selber nähen könntest? Denn was gibt es Schöneres als einen ganz **PERSÖNLICHEN LOOK**, in dem du dich rundherum **WOHLFÜHLST**? Vorbei sind die Zeiten, in denen du Einheitskleidung von der Stange tragen musstest.
Schwelge in Stoffen, Texturen und Farben – und such dir dafür Schnittmuster aus, die **DEINE VORZÜGE** aufs Hinreißendste hervorheben und die du nach deinen eigenen Vorstellungen in vielen **ÄRMEL-**, **SAUM-** und **HALSAUSSCHNITT-VARIANTEN** zaubern kannst. Damit du dich jeden Tag in deinem ganz **PERSÖNLICHEN STIL** gut angezogen fühlst.

Happy simple Sewing!

Deine Sabine

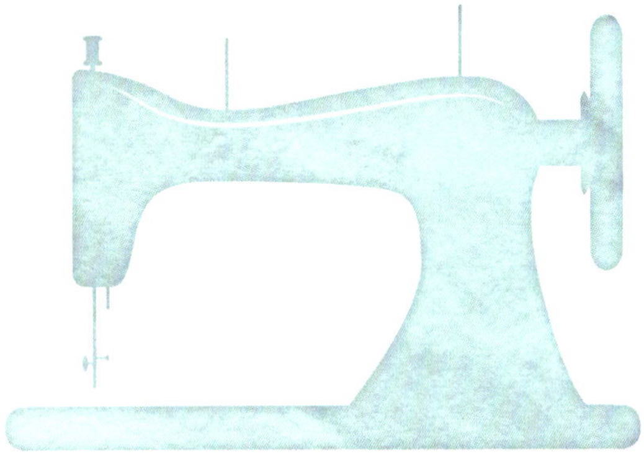

Sisco

Ob am Strand, beim Sport oder zum Schlafen – mit dem **TOP** Sisco siehst du einfach immer gut aus! Die im Vorderteil eingebauten **ABNÄHER** schaffen Platz für die Figur, während das **RASANTE RACERBACK** dafür sorgt, dass das Top auch bei Action an Ort und Stelle bleibt. Du kannst das Top aus einem Stoff nähen oder du verwendest unterschiedliche Stoffe für Vorder- und Rückenteil, um die Schnittführung zu betonen.

Größe: 32-60

Passform: körpernah

Näh-Level: mittel

DAS BRAUCHST DU

- Jersey, 140 cm breit

Größe	32	34	36	38	40	42	44	46	48	50	52	54	56	58	60
Verbrauch in m	1,40	1,40	1,40	1,40	1,40	1,50	1,50	1,50	1,50	1,50	1,60	1,60	1,60	1,70	1,75

- Jersey- oder Bündchenstoff für die Paspeln, 140 cm breit, 10 cm (Gr. 32-40)/15 cm (Gr. 42-60)
- farblich passendes Nähgarn

Hinweise: Wenn du Vorder- und Rückenteil aus unterschiedlichen Stoffen zuschneidest, verdoppelt sich der Stoffverbrauch. Aus dem Verschnitt kannst du ein weiteres Shirt nähen.
Den Extra-Stoff für die Paspeln benötigst du nur, wenn du die Paspeln in einer anderen Farbe oder aus Bündchenstoff nähen möchtest.

ZUSCHNITT

Die Schnittmuster enthalten 1 cm Nahtzugabe und 2 cm Saumzugabe.

- 1x Vorderteil im Stoffbruch
- 1x Rückenteil im Stoffbruch
- 1x Halslochpaspel im Stoffbruch
- 2x Armlochpaspel im Stoffbruch

SCHNITT MUSTER BOGEN 1A

ZUSCHNEIDEPLÄNE

Größe 32-40

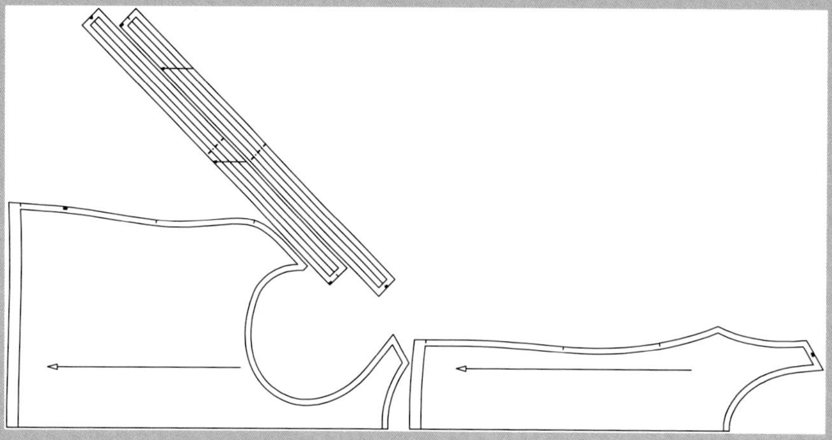

Größe 42-50

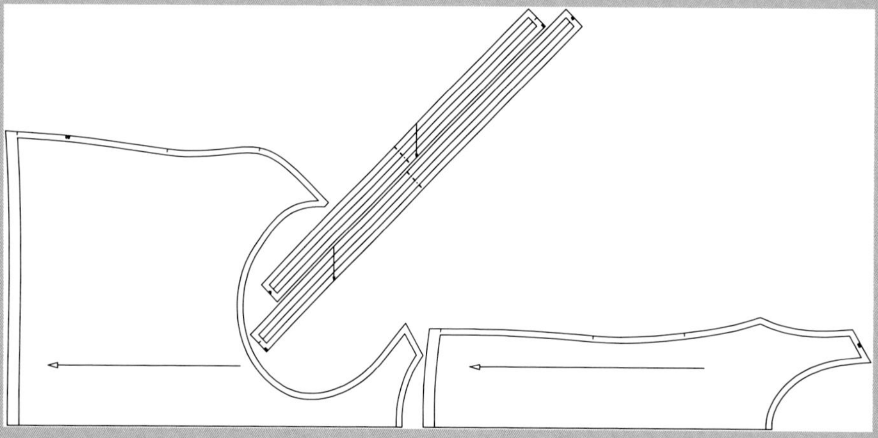

Größe 52-60

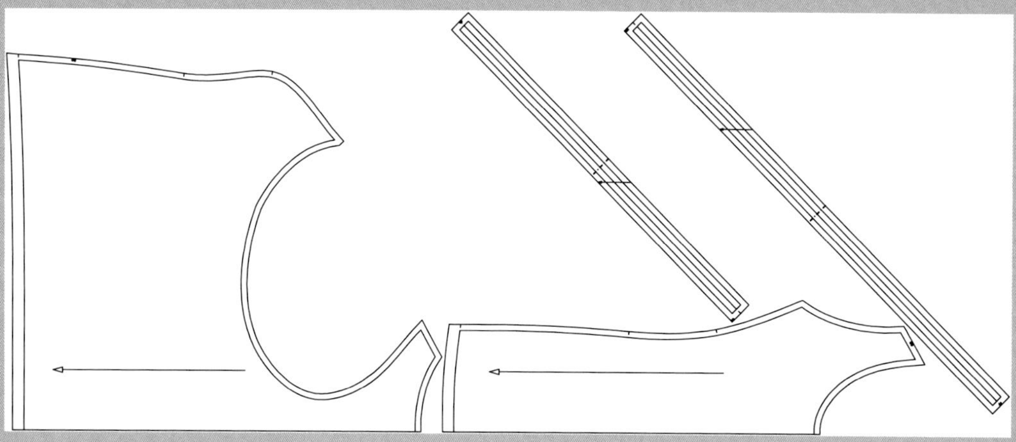

SO WIRD'S GEMACHT

1

Stecke die Schulterkanten sowie die Seitenkanten von Vorder- und Rückenteil rechts auf rechts.

2

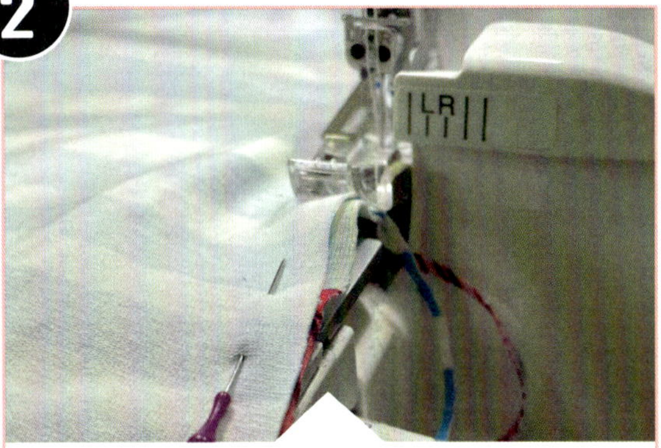

Schließe Schulter- und Seitennähte mit einem elastischen Stich deiner Nähmaschine oder mit der Overlock. Ich verwende für die Schulterkanten einen elastischen Geradstich, weil sich die Nahtzugaben dann ganz einfach auseinanderfalten lassen. Dadurch werden sie besonders flach. Für die Seitenkanten verwende ich die Overlock, weil die Nähte dadurch schön elastisch werden.

3

So sollte es jetzt aussehen.

4

Nähe die Halslochpaspel und die beiden Armlochpaspeln jeweils an den kurzen Kanten rechts auf rechts zu einem Ring zusammen. Hierfür eignet sich am besten ein schmaler Zickzackstich.

5

Falte die Paspeln längs links auf links und stecke sie rechts auf rechts an Halsloch und Armlöcher. Dabei liegen die Stoffkanten genau bündig aufeinander.

6

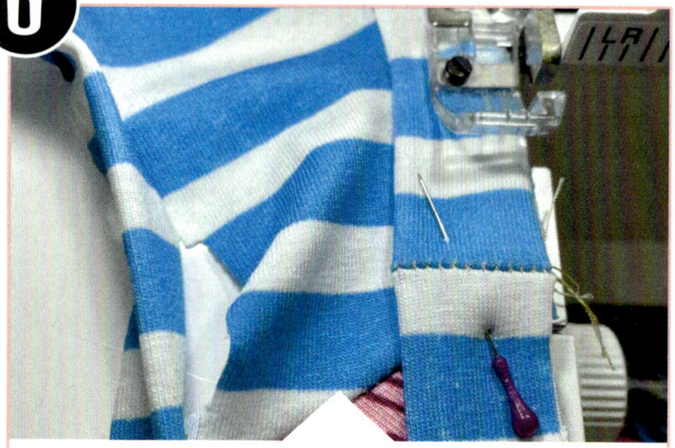

Nähe die Paspeln mit einem elastischen Stich leicht gedehnt an.

7

So sollte es jetzt aussehen.

8

Steppe die Nahtzugaben der Paspeln knappkantig mit einem elastischen Stich deiner Nähmaschine an Vorder- und Rückenteil. Ich verwende für diese Naht einen Dreifach-Geradstich. Achte beim Nähen darauf, den Stoff nicht zu dehnen, damit die Paspeln nicht wellig werden.

Sarina trägt
SISCO
in
Größe 36

9

Falte den Saum an der Markierung zur linken Stoffseite um und stecke ihn fest. Du kannst die Stoffkante auch vorab mit der Overlock versäubern.

10

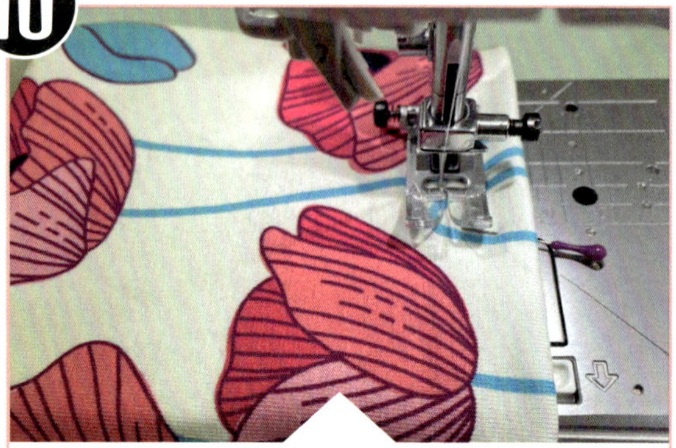

Nähe den Saum knappkantig mit einem elastischen Stich fest.

11

Fertig ist dein neues Top!

Schau mal hier,

das Top sieht auch aus Bündchenstoff statt aus Jersey genäht spitze aus.

Varianten

Du kannst Vorder- und Rückenteil aus Jersey in verschiedenen Farben und/oder Mustern nähen.

Minze

Als würde man sich in ein Sommerwölkchen hüllen: So fühlt sich Musselin auf der Haut an. Damit du dieses Gefühl künftig noch viel öfter genießen kannst, habe ich ein Schnittmuster für eine **TUNIKA** mit leicht nach vorn versetzten Seitennähten für eine **LÄSSIGE PASSFORM** entwickelt, das auch für Einsteiger ganz entspannt umsetzbar ist. Das Teil wird mit einem einfachen Beleg gearbeitet und kommt komplett **OHNE VERSCHLUSS** aus. Die kleinen **SCHLITZE** an den Bündchen sorgen für Bewegungsfreiheit.

Größe: 32-60

Passform: locker

Näh-Level: leicht

DAS BRAUCHST DU

- Musselin, Double Gauze oder Triple Gauze, 140 cm breit

Größe	32	34	36	38	40	42	44	46	48	50	52	54	56	58	60
Verbrauch in m															
• Shirt	1,45	1,45	1,50	1,50	1,50	1,55	1,60	1,70	1,80	1,90	1,95	2,00	2,00	2,05	2,10
• Tunika	1,95	1,95	2,00	2,00	2,00	2,05	2,10	2,20	2,30	2,40	2,45	2,50	2,50	2,55	2,60

- farblich passendes Nähgarn

Hinweis: Vor der Verarbeitung solltest du den Musselin nicht bügeln, weil du sonst die schöne Crinkle-Struktur zerstörst. Bei der ersten Wäsche bekommt der Stoff durch die Feuchtigkeit seine Crinkle zurück und das fertigee Teil wäre dann zu eng. Grobe Falten kannst du entfernen, indem du den Stoff mit dem Bügeleisen (ohne Kontakt mit der Sohle) bedampfst und mit der Hand glatt streichst.

ZUSCHNITT

Die Schnittmuster enthalten 1 cm Nahtzugabe und 2 cm Saumzugabe. Wenn du die langen Ärmel ohne Bündchen nähst, schneidest du sie mit 2 cm Zugabe am Saum zu. Übertrage alle Markierungen auf den Stoff.

- 1x Vorderteil im Stoffbruch
- 1x Rückenteil im Stoffbruch
- 2x Ärmel gegengleich
- 1x Beleg Vorderteil im Stoffbruch
- 1x Beleg Rückenteil im Stoffbruch
- 2x Ärmelbündchen

SCHNITT MUSTER BOGEN 1A

ZUSCHNEIDEPLÄNE

Größe 32-40

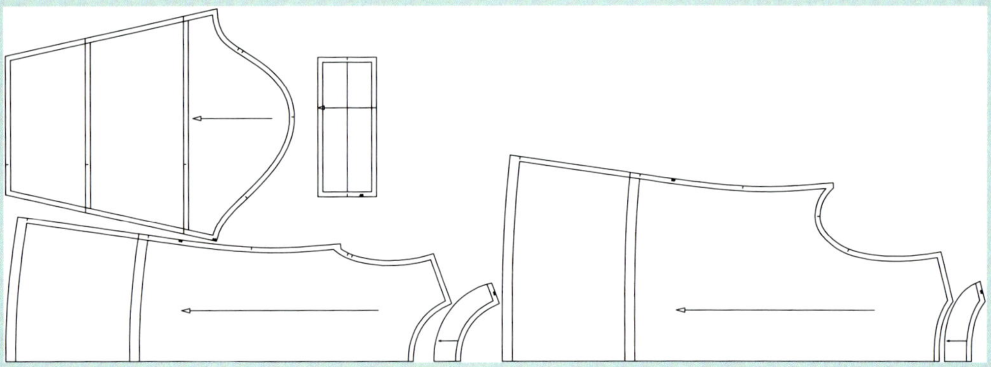

Größe 42-50

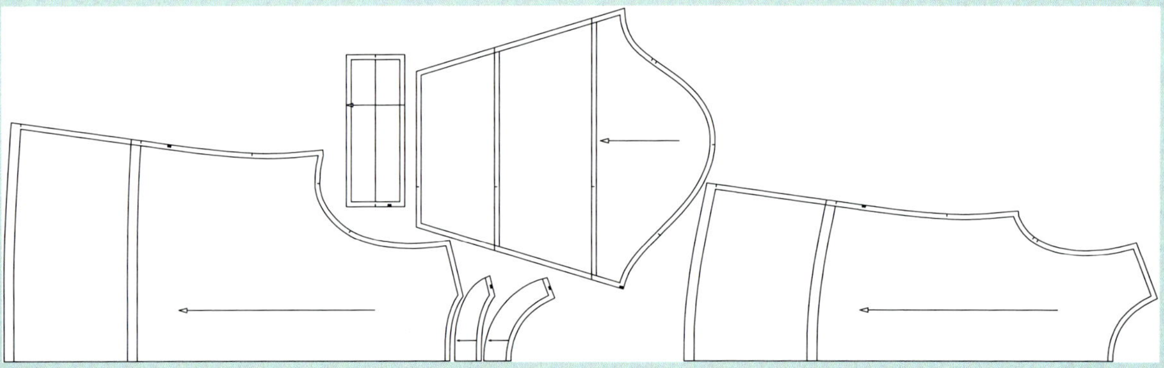

Größe 52-60

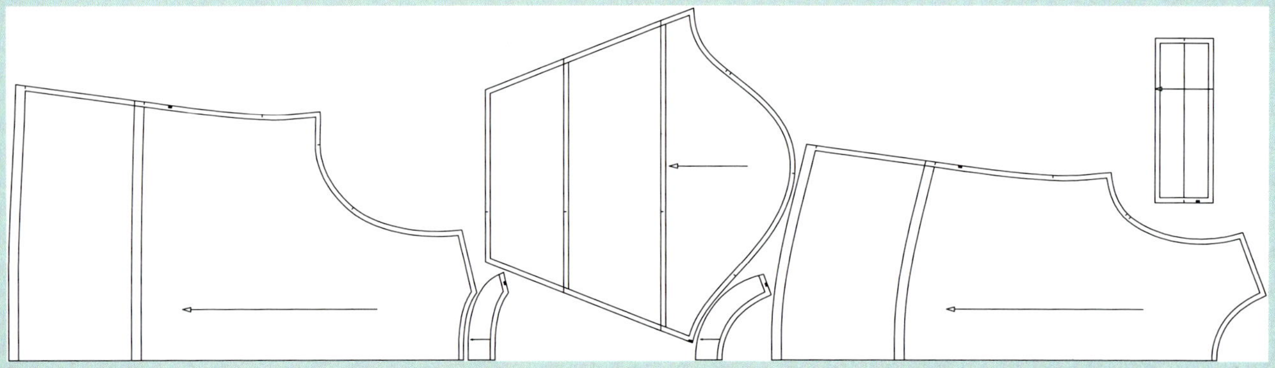

SO WIRD'S GEMACHT

1

Stecke die Schulterkanten von Vorder- und Rückenteil bündig rechts auf rechts aufeinander.

2

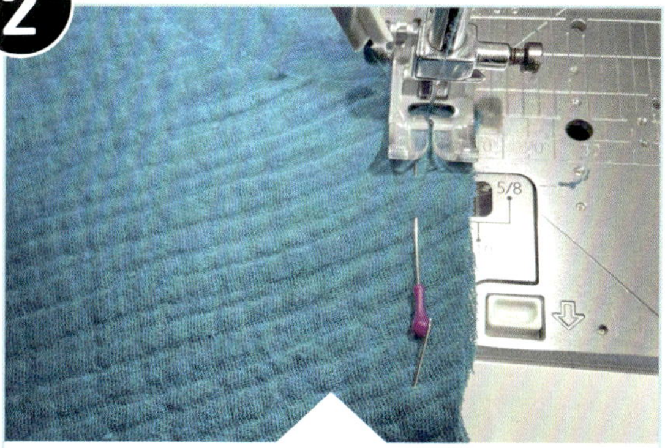

Nähe die Schulterkanten mit einem Geradstich zusammen.

3

Versäubere die Nahtzugaben mit der Overlock oder mit einem Zickzackstich deiner Nähmaschine.

4

Stecke die Seitenkanten von Vorder- und Rückenteil rechts auf rechts zusammen. Schließe die Seitennähte mit einem Geradstich und versäubere die Nahtzugaben.

5

So sollte es jetzt aussehen.

6

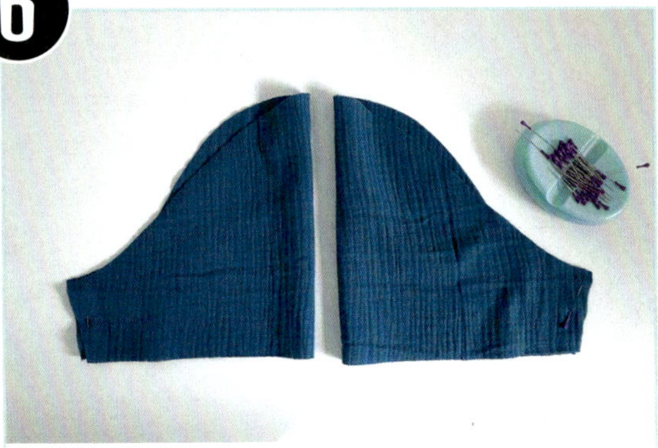

Stecke die Kanten an den Ärmelnähten rechts auf rechts aufeinander. Schließe die Ärmelnähte und versäubere die Nahtzugabe.

7

Stecke die Ärmel rechts auf rechts in die Armlöcher. Dabei trifft die Markierung am höchsten Punkt der Armkugel auf die Schulternaht und die Markierungen „vorne" und „hinten" jeweils auf die entsprechenden Markierungen in Vorder- und Rückenteil.

8

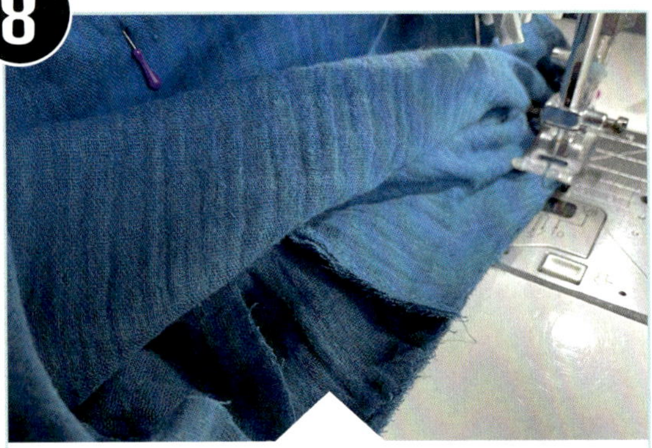

Nähe die Ärmel in die Armlöcher und versäubere danach die Nahtzugaben.

9

So sollte es jetzt aussehen.

10

Stecke die langen Kanten der Ärmelbündchen rechts auf rechts zusammen. Schließe die kurzen Kanten mit einem Geradstich.

11

Kürze die Nahtzugaben etwas ein und wende die Bündchen auf rechts.

Um es dir leichter zu machen, kannst du die offenen Kanten der Bündchen bündig mit einer Hilfsnaht zusammensteppen, damit sich beim Annähen an den Ärmelsaum nichts verschiebt.

12

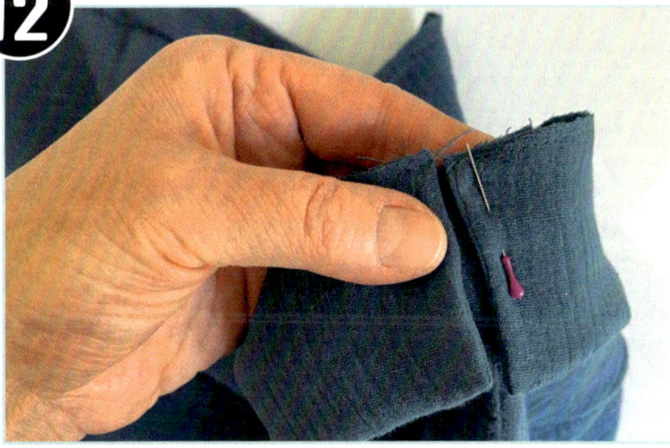

Stecke die Bündchen rechts auf rechts an den Ärmelsaum, sodass der Schlitz genau auf die Markierung im Ärmel trifft. Die beiden Kanten des Bündchens liegen auf Stoß aneinander.

13

Nähe die Bündchen mit einem Geradstich an und versäubere die Nahtzugaben. Klappe die Nahtzugabe in den Ärmel und steppe sie von der rechten Seite mit einem längeren Geradstich (Stichlänge 3–3,5 mm) fest.

14

Stecke die Belegteile an den kurzen Kanten rechts auf rechts aufeinander und nähe die Kanten mit einem Geradstich zusammen. Falte die Nahtzugaben auseinander.

Achte beim Zusammenstecken der Belege an den Schulternähten auf das „magische Dreieck". Dabei ragt die Nahtzugabe des einen Teils in Nahtzugabenbreite über die Stoffkante des anderen hinaus. So stellst du sicher, dass beide Teile nach dem Nähen eine harmonische Rundung haben.

15

Versäubere die außen liegende Kante des Belegs und fasse dabei die auseinandergefalteten Nahtzugaben mit. Stecke den Beleg markierungsgemäß rechts auf rechts an den Halsausschnitt.

16

Nähe den Beleg mit einem Geradstich rundherum an den Halsausschnitt.

17

Um den Beleg zu fixieren, hast du zwei Möglichkeiten: Du kannst ihn durch Untersteppen im Ausschnitt fixieren. Dafür nähst du den Beleg auf der Nahtzugabe fest …

Sarina trägt MINZE in Größe 36 in Shirtlänge und mit kurzen Ärmeln

18

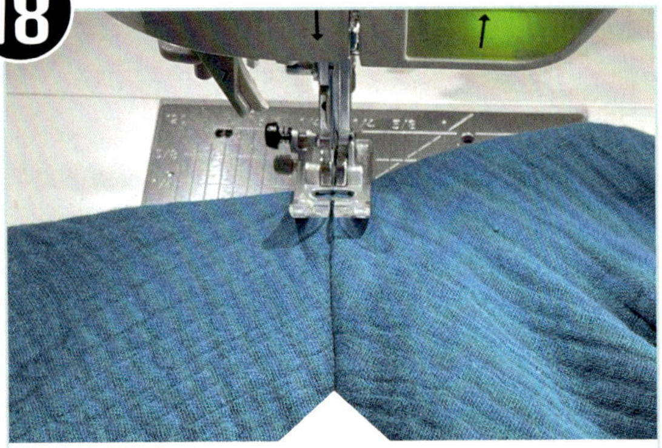

... und anschließend zusätzlich im Nahtschatten der Schulternaht mit einem Geradstich an.

19

Anstelle von Schritt 17 und 18 kannst du den Ausschnitt alternativ 1–3 cm vom Halsausschnitt entfernt mit einem längeren Geradstich (Stichlänge 3-3,5 mm) absteppen.

Achte beim Absteppen darauf, nicht am Oberstoff zu ziehen. Das gelingt am besten, indem du den Stoff beim Nähen locker mitführst. Das verhindert, dass sich der feine Musselin beim Nähen verzieht.

20

Versäubere die Unterkante an Vorder- und Rückenteil. Falte den Saum an der Markierung zur linken Stoffseite.

21

Steppe den Saum in der Mitte der Versäuberungsnaht an den Oberstoff.

22

Fertig ist deine Tunika.

Sabine trägt MINZE in Größe 48

SABINE HAT SICH FÜR TUNIKALÄNGE UND MIT ÄRMEL IN DREIVIERTEL-LÄNGE ENTSCHIEDEN.

Varianten

Du kannst Minze mit drei verschiedenen Ärmellängen nähen (Kurzarm, Dreiviertelarm, Langarm) und zwei Saumlängen (T-Shirt und Tunika).

Variiere die Ärmellänge und kombiniere sie mit dem Oberteil in T-Shirt- oder Tunika-Länge. Du kannst den Grundschnitt als T-Shirt in der kurzen Saumvariante nähen. Um es noch lässiger zu gestalten, lässt du die Ärmelbündchen weg und säumst die langen Ärmel wie den Saum. Oder du nähst eine lockere Tunika, die dich rund ums Jahr begleitet.

Du kannst das Shirt auch als Blusenshirt mit kontrastfarbigen Abschlüssen aus elastischem Stoff an Hals, Ärmeln und Saum nähen. Um die Länge der Bündchen zu berechnen, ermittelst du die Länge des jeweiligen Ausschnitts und multiplizierst das Ergebnis mit 0,8. Gib 2 cm Nahtzugabe hinzu. Eine Höhe von 8–10 cm ist für den Bündchenzuschnitt ideal. Nähe die Bündchen an den kurzen Kanten rechts auf rechts zum Ring, stecke sie leicht gedehnt bündig rechts auf rechts an die Kanten von Halsausschnitt sowie Ärmeln und Blusensaum und nähe sie mit einem elastischen Stich an, dabei wird nur das Bündchen gedehnt, nicht der Stoff. Klappe die Nahtzugaben in das Oberteil und steppe sie ab.

Yola

Ein Leinen- oder Baumwollshirt ist genau das Richtige für den Sommer: **LOCKER, LÄSSIG** und aus atmungsaktivem Gewebe ist es ein fantastischer Kombipartner zu Jeans, Bermudas, Röcken und vielem mehr. Mein Lieblingsstoff für das schöne **OVERSIZE-SHIRT** mit dem auffallend schönen Ausschnitt und dem etwas **LÄNGEREN SAUM IM RÜCKENTEIL**: weicher, vorgewaschener Baumwollstoff. Warum? Er franst praktisch nicht aus, läuft nicht ein, knittert kaum und lässt sich herrlich verarbeiten. Dazu hat er einen sehr angenehmen Griff und trägt nicht auf. Perfekt für Sommermode, die happy macht.

Größe: 32-60

Passform: locker

Näh-Level: leicht

DAS BRAUCHST DU

- dünner Baumwollstoff, Leinen, Hemdenjeans oder Babycord, 140 cm breit

Größe	32	34	36	38	40	42	44	46	48	50	52	54	56	58	60
Verbrauch in m	1,60	1,60	1,65	1,65	1,65	1,70	1,75	1,80	1,85	1,90	1,95	1,95	2,00	2,00	2,05

- Bügeleinlage für den Beleg, 30 cm x 100 cm
- farblich passendes Nähgarn

ZUSCHNITT

Die Schnittmuster enthalten 1 cm Nahtzugabe und 2 cm Saumzugabe an Vorderteil, Rückenteil und Ärmeln. Übertrage die Markierungen für die gesteppte Belegnaht besonders sorgfältig auf die rechte Stoffseite von Vorderteil und Rückenteil. Das hilft dir, den Beleg dekorativ an den Ausschnitt zu steppen.

- 1x Vorderteil im Stoffbruch
- 1x Rückenteil im Stoffbruch
- 2x Ärmel gegengleich
- 1x Beleg Vorderteil im Stoffbruch
- 1x Beleg Rückenteil

SCHNITTMUSTERBOGEN 1A

NICOLE TRÄGT YOLA IN GRÖSSE 42.

ZUSCHNEIDEPLÄNE

Größe 32-40

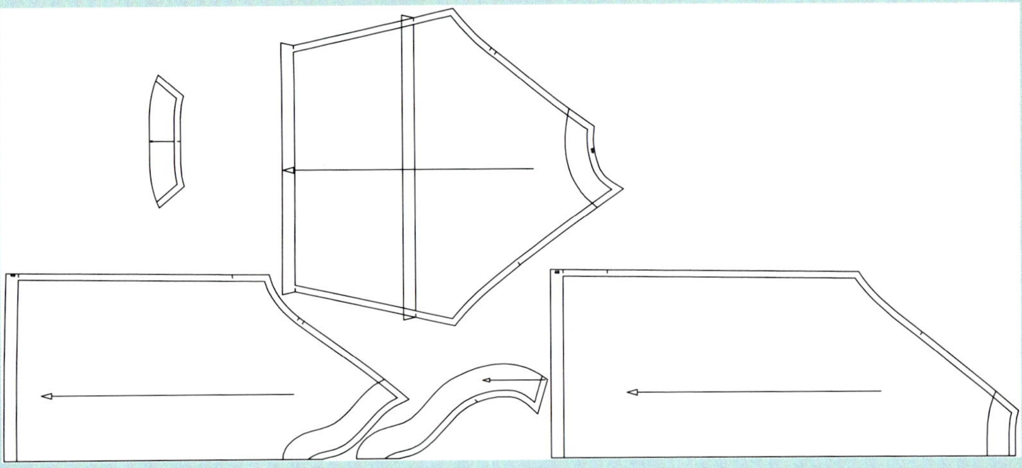

Größe 42-50

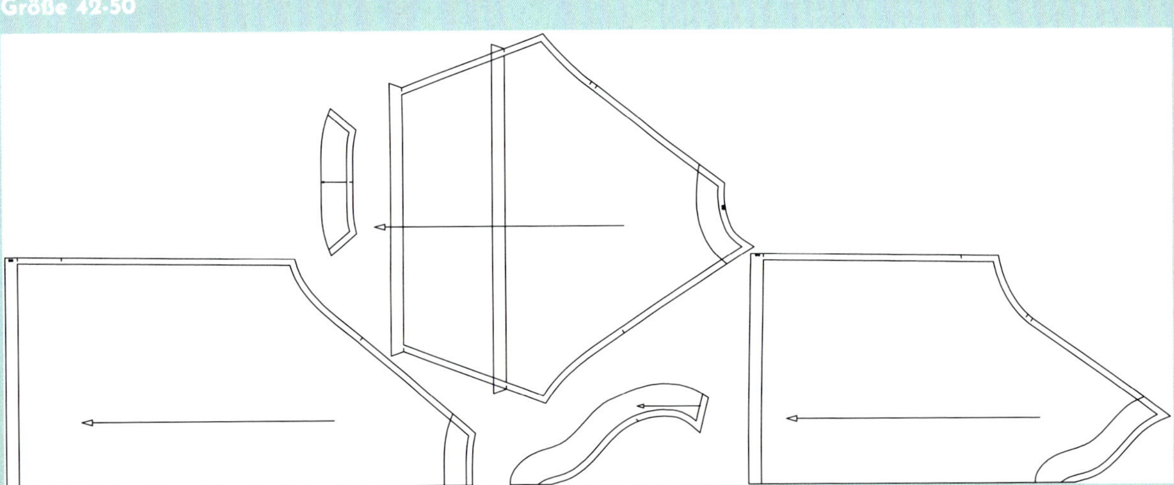

Größe 52-60

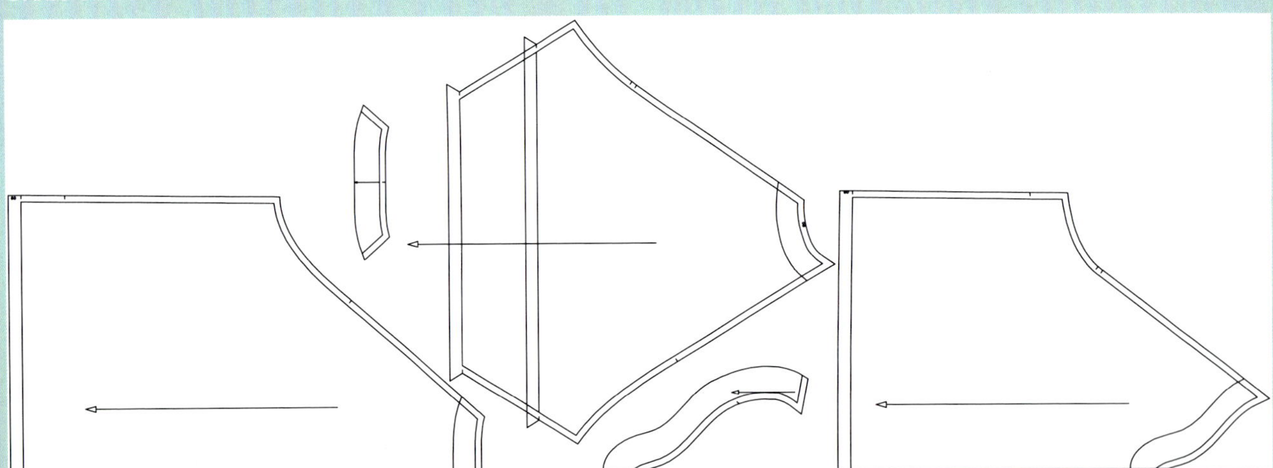

SO WIRD'S GEMACHT

1

Stecke die vordere Kante der Ärmel rechts auf rechts an die Armausschnitte des Vorderteils.

2

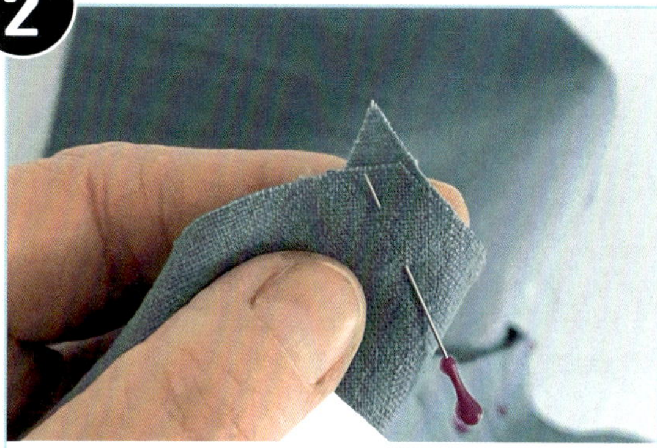

Achte auf das magische Dreieck: Lass den spitzen Teil des Ärmels in Nahtzugabenbreite über die Stoffkante des Vorderteils ragen.

3

Nähe die Ärmel mit einem Geradstich an. Versäubere nun die Nahtzugaben. Falte die Nahtzugaben ins Vorderteil und steppe sie 3–4 mm neben der Naht mit einem längeren Geradstich (Stichlänge 3–3,5 mm) fest.

4

Stecke das Rückenteil jeweils rechts auf rechts an die hintere Kante der Ärmel und schließe die Nähte. Versäubere gegebenenfalls die Nahtzugaben, falte sie ins Rückenteil und steppe sie 3–4 mm neben der Naht ab.

5

So sollte es jetzt aussehen.

6

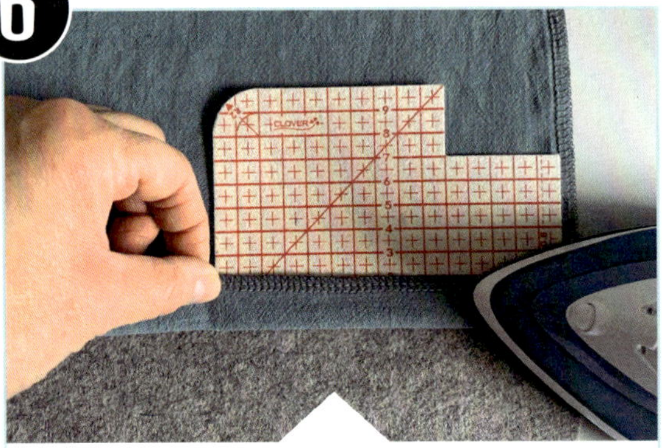

Versäubere die offenen Kanten an Ärmeln, den Seiten sowie dem Saum von Vorder- und Rückenteil. Bügle den Saum an den Unterkanten sowie die Ärmelsäume 2 cm auf die linke Stoffseite um.

7

Stecke die Seitenkanten des Shirts rechts auf rechts aufeinander. Die umgebügelten Säume steckst du 2 cm nach innen um. Der Saum des Vorderteils trifft auf die Markierung im Rückenteil.

8

Die vorhandenen Nähte in Vorder- und Rückenteil treffen im Bereich der Achseln passgenau aufeinander.

9

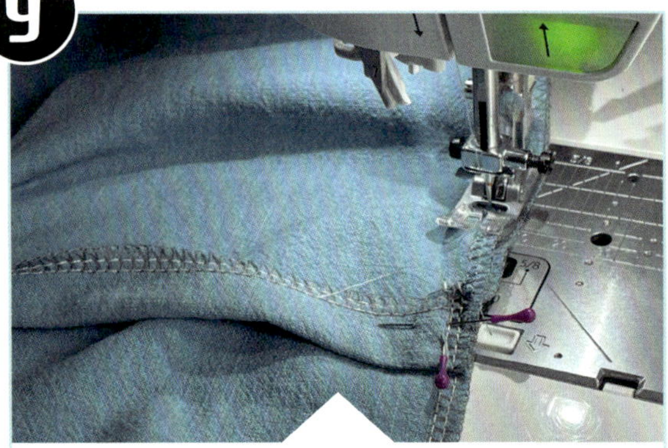

Schließe die Nähte auf beiden Seiten in einem Arbeitsgang vom Ärmelsaum bis zum unteren Saum mit einem Geradstich.

10

Falte die Ärmelsäume 2 cm auf die linke Stoffseite. Klappe an der Ärmelnaht die Nahtzugaben auseinander. Steppe die Säume in der Mitte der Versäuberungsnaht fest.

11

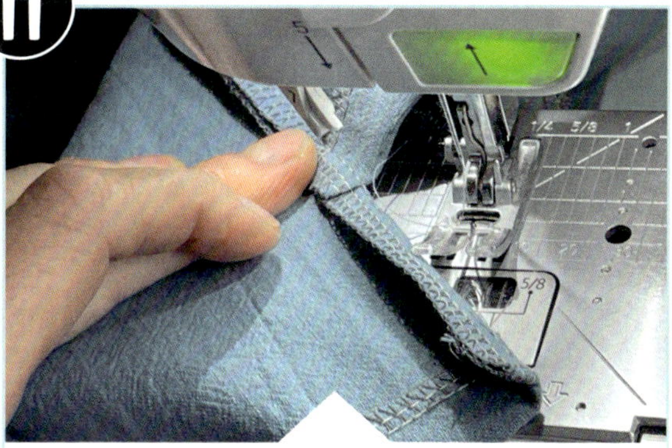

Falte die Nahtzugaben am Schlitz 1 cm auf die linke Stoffseite und steppe sie fest.

12

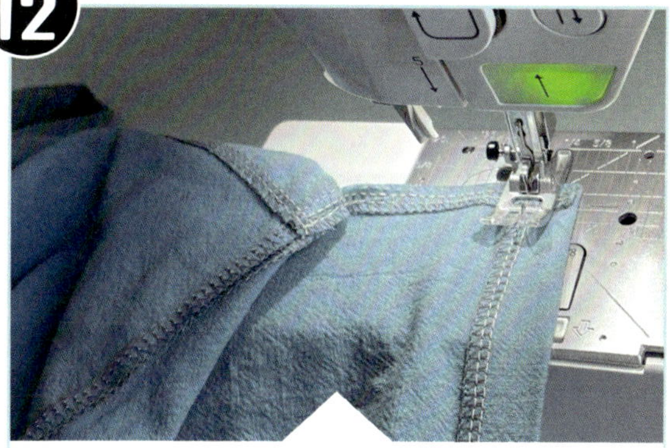

Steppe die umgebügelten Säume an Vorder- und Rückenteil fest.

13

Nähe die beiden Belegteile an den kurzen Kanten rechts auf rechts zusammen. Klappe die Nahtzugaben auseinander. Versäubere die äußere Belegkante, fasse dabei die auseinandergeklappten Nahtzugaben mit.

14

Stecke den Beleg rechts auf rechts an den Ausschnitt. Markiere an der vorderen Mitte des Belegs eine Nahtzugabe von 1 cm. Das macht es dir leichter, zu erkennen, ab wo die Naht wieder nach oben verläuft.

15

Nähe den Beleg an den Ausschnitt.

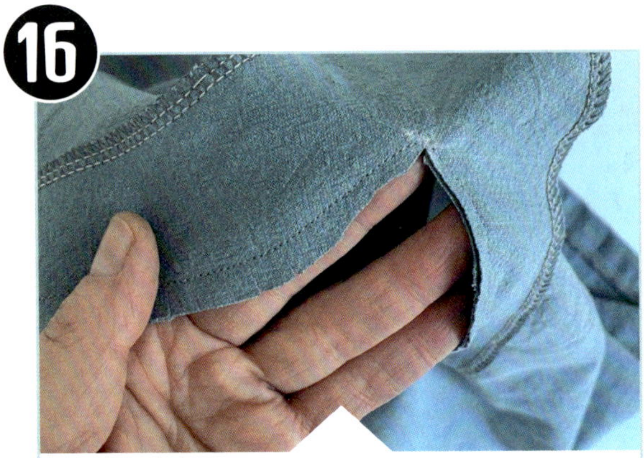

Knipse die Nahtzugaben in der vorderen Mitte bis kurz vor die Naht ein und schneide sie etwas zurück.

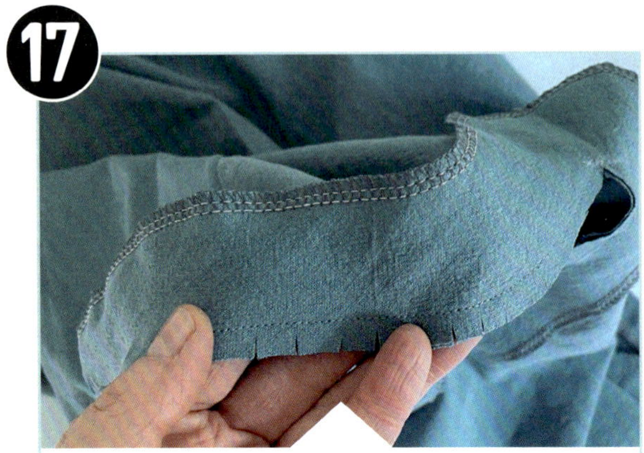

Knipse die Nahtzugabe des Belegs rundherum im Abstand von 1 cm bis kurz vor die Naht ein. Achte darauf, dass du die Naht nicht beschädigst.

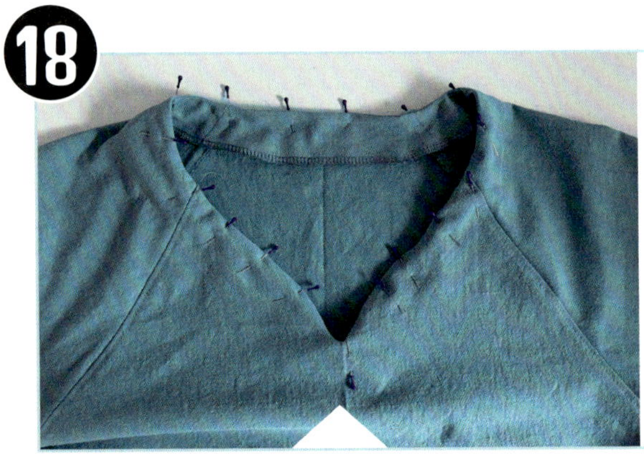

Klappe den Beleg in den Ausschnitt und bügle die Kanten. Forme dabei die Ausschnittnaht sorgfältig aus. Stecke den Beleg am Vorder- und Rückenteil fest.

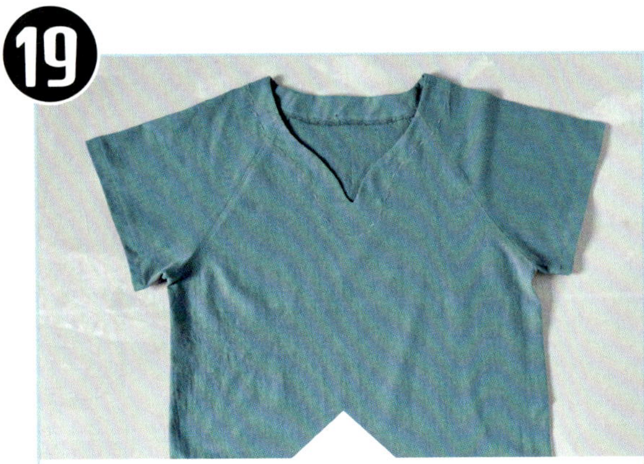

Steppe den Beleg gemäß Markierung an Vorder- und Rückenteil. Fertig ist dein Shirt!

Der schlichte Raglan-Schnitt lädt zu Spielereien ein. Ich habe zum Beispiel den Beleg auf der Nahtmarkierung Ton in Ton mit einem Zierstich an den Oberstoff genäht. Achte beim Absteppen mit Zierstichen darauf, dass die Unterfadenspule gut gefüllt ist, denn Zierstiche verbrauchen pro Strecke mehr Nähgarn als ein normaler Geradstich.

Schau mal hier,

Sabine hat Yola mit Dreiviertelärmeln in Größe 48 aus gemusterter Viskose genäht, rechts trägt sie das Titelmodell aus Leinen.

Varianten

Der Brustabnäher für diesen lockeren Schnitt ist in der Raglan-Schnittführung eingearbeitet und sorgt für eine gute Passform. Damit du Yola variieren kannst, gibt es für das Shirt zwei Ärmellängen (Kurzarm und Dreiviertelarm).

Rosario

Rosario ist eine **BLUSE** für alle Gelegenheiten, bei denen du gut angezogen sein möchtest, ohne overdressed zu sein. Die **ABNÄHER** in den Teilungsnähten schaffen Raum für deine Kurven. Mit **BINDEBÄNDERN** kannst du die Form der Bluse raffiniert auf **FIGUR** bringen. Ob vorn oder hinten gebunden: Die **SCHLEIFE** lenkt den Blick auf deine Schokoladenseite. Der perfekte Stoff für dieses Modell ist **DÜNNE WEBWARE** wie feiner Denim, Leinen oder Leinen-Mix-Stoffe, Viskose-Webware, Musselin oder Baumwollstoffe. Aber auch Blusen- und Kleiderstoffe machen bei diesem Modell eine gute Figur.

Größe: 32-60

Passform: locker

Näh-Level: mittel

DAS BRAUCHST DU

- dünne Webware (z. B. Leinen, Viskose, Baumwollwebware), 140 cm breit

Größe	32	34	36	38	40	42	44	46	48	50	52	54	56	58	60
Verbrauch in m • Shirt	1,70	1,70	1,80	1,80	1,80	1,80	1,90	1,90	1,90	1,90	2,00	2,10	2,20	2,30	2,40
• Tunika	1,90	1,90	2,00	2,00	2,00	2,00	2,10	2,10	2,10	2,10	2,20	2,30	2,40	2,50	2,60

- dünne Bügeleinlage (optional), 30 cm x 100 cm
- farblich passendes Nähgarn

ZUSCHNITT

Die Schnittmuster enthalten 1 cm Nahtzugabe und 2 cm Saumzugabe an Vorder- und Rückenteil. Übertrage alle Markierungen auf den Stoff. Verstärke die Stoffteile für die Belege vor dem Zuschnitt mit Bügeleinlage. Wenn du einen etwas festeren Stoff verwendest, musst du die Belegteile nicht verstärken.

- 1x Vorderteil im Stoffbruch
- 2x Seitenteil gegengleich
- 1x Rückenteil im Stoffbruch
- 2x Ärmel gegengleich
- 2x Bindeband im Stoffbruch
- 1x Beleg Vorderteil im Stoffbruch
- 1x Beleg Rückenteil im Stoffbruch
- 2x Ärmelbündchen

SCHNITTMUSTERBOGEN 1B|2A

NICOLE TRÄGT ROSARIO IN GRÖSSE 42.

ZUSCHNEIDEPLÄNE

Größe 32-40

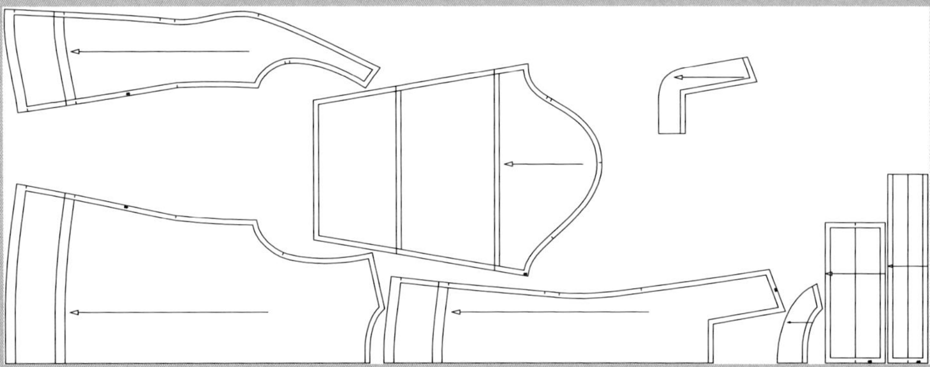

Größe 42-50

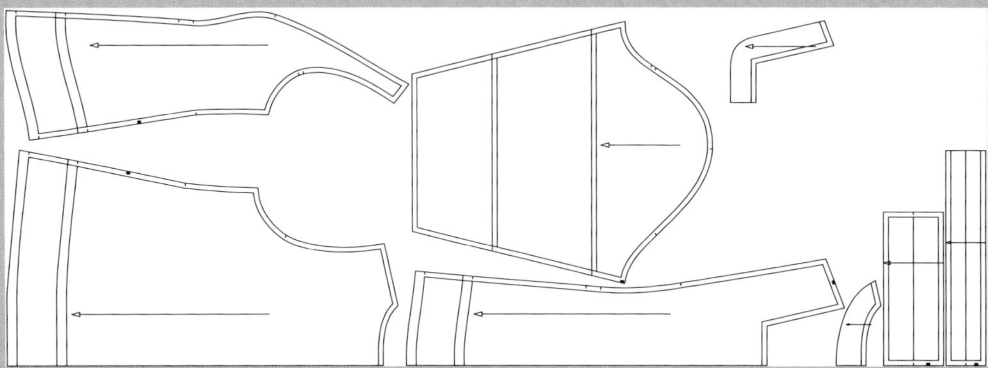

Größe 52-60

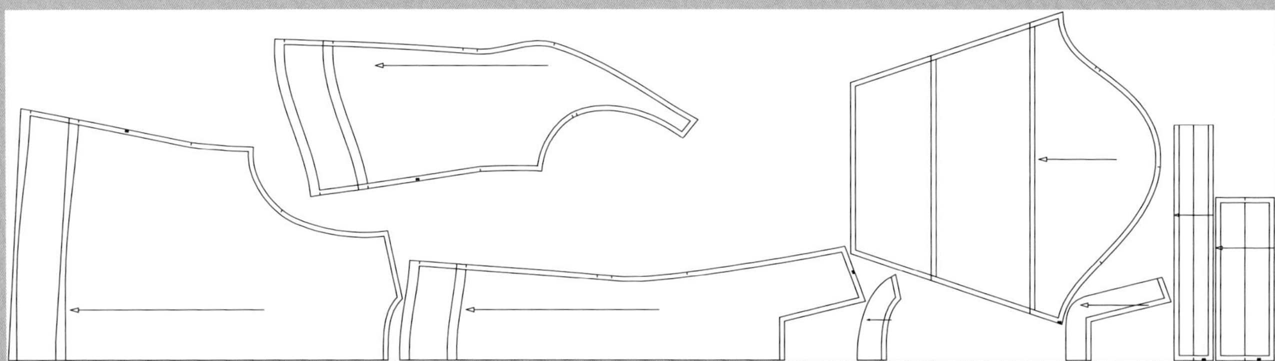

SO WIRD'S GEMACHT

1

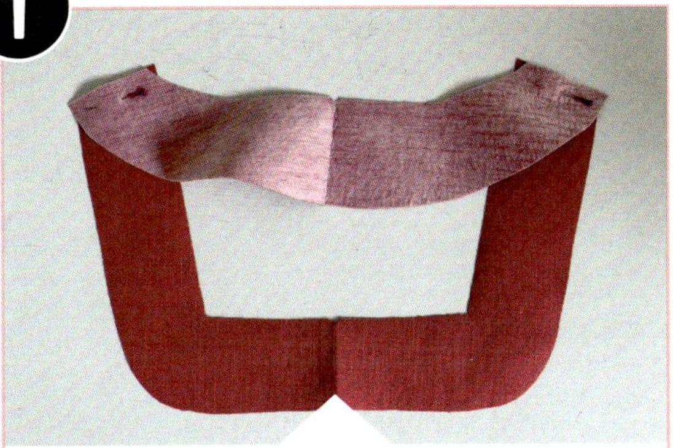

Stecke die kurzen Kanten der Belege rechts auf rechts zusammen. Achte beim Fixieren der Kanten auf das magische Dreieck: Lass die spitzen Enden der Kante jeweils in Nahtzugabenbreite über die Stoffkante des anderen Belegteils ragen.

2

Nähe die Kanten mit einem Geradstich zusammen, falte die Nahtzugaben auseinander und versäubere die äußere Kante des Belegs, fasse dabei die auseinandergefalteten Nahtzugaben mit.

3

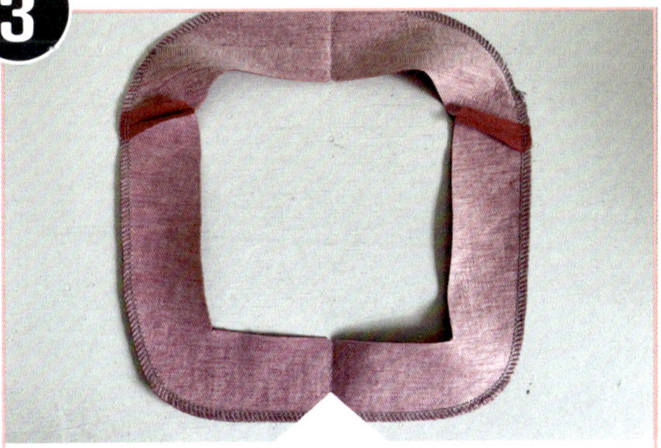

So sollte es jetzt aussehen.

4

Falte die Bindebänder längs rechts auf rechts. Stecke die langen Seiten und eine kurze Kante bündig aufeinander.

5

Nähe die abgesteckten Kanten mit einem Geradstich zusammen. Kürze die Nahtzugaben an den Ecken bis kurz vor die Naht schräg ein und wende die Bänder auf rechts. Forme die Nähte gut aus. Bügle die Bänder und steppe sie knappkantig an den langen und der kurzen genähten Kante mit einem Geradstich ab.

Besonders easy lassen sich die Nähte ausarbeiten, wenn du die Nahtzugaben vor dem Wenden auseinanderbügelst.

6

Als Nächstes verarbeitest du die beiden Seitenteile und das Vorderteil.

7

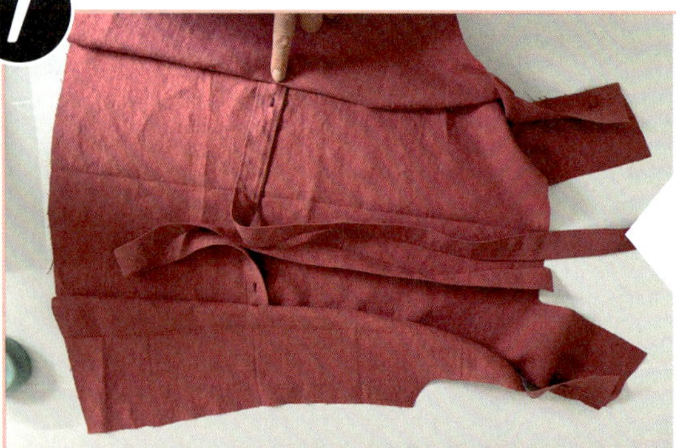

Stecke die Bänder an den Markierungen rechts auf rechts an das Vorderteil, dabei liegen die offenen Kanten bündig aufeinander. Stecke die Seitenteile an den Teilungsnähten rechts auf rechts an das Vorderteil. Achte darauf, dass die Passzeichen aufeinandertreffen. Du kannst die Bänder vorab mit einer Hilfsnaht fixieren.

Überprüfe vor dem Einnähen der Bänder, ob die Taillenhöhe für dich passt. Die Bänder sollten genau auf der Höhe deiner Taille sitzen um. Wenn du Rosario zum ersten Mal nähst, kannst du in der Teilungsnaht eine kleine Lücke für die Bänder lassen. So kannst du später bei der Anprobe prüfen, wo die Bänder ideal sitzen, und sie nachträglich einnähen.

8

Nähe die Seitenteile mit einem Geradstich an das Vorderteil. Versäubere die Nahtzugaben. So sollte es jetzt aussehen.

9

Falte die Nahtzugaben der Teilungsnähte jeweils Richtung Seitenteil und steppe sie mit einem längeren Geradstich (Stichlänge 3–3,5 mm) fest. Stecke die Schulterkanten von Vorder- und Rückenteil bündig rechts auf rechts.

10

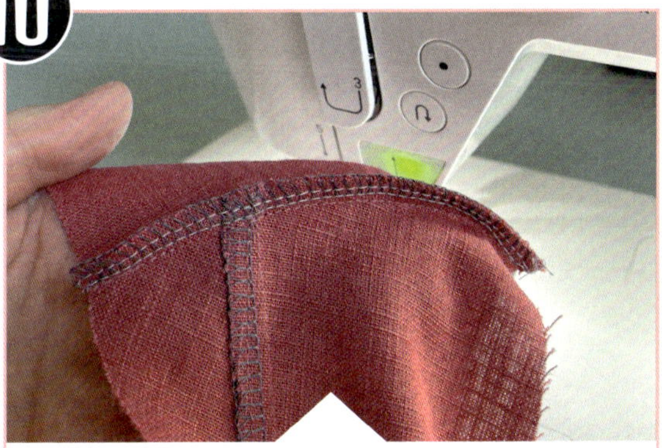

Schließe die Schulternähte mit einem Geradstich und versäubere die Nahtzugaben.

11

Falte die Nahtzugaben der Schulternähte ins Rückenteil und steppe sie von rechts mit einem Geradstich ab.

12

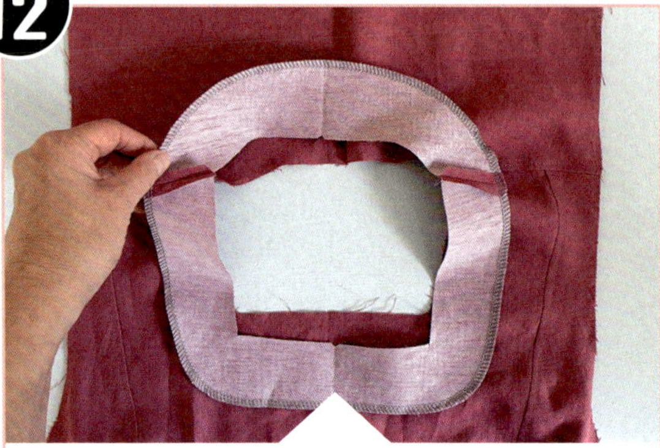

Stecke den Beleg rechts auf rechts an den Ausschnitt.

13

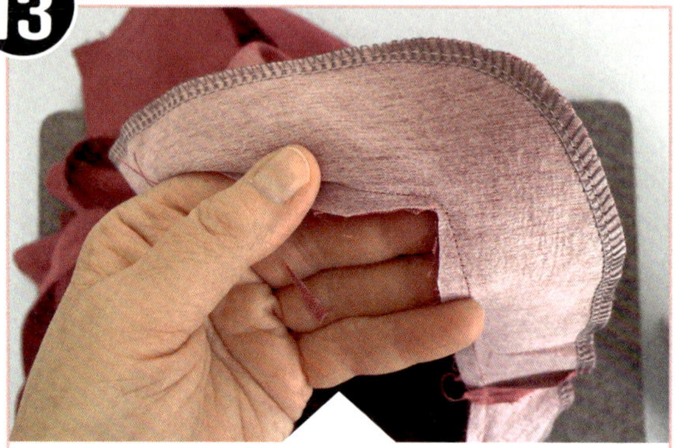

Nähe den Beleg mit einem Geradstich an den Ausschnitt. Knipse die Nahtzugaben in den Ecken bis kurz vor die Naht ein, damit der Beleg dort nach dem Wenden schön glatt liegt. Knipse die Nahtzugaben an den Rundungen ebenfalls im Abstand von 1 cm bis kurz vor die Naht ein.

14

Fixiere den Beleg mit einem Geradstich auf der Nahtzugabe.

15

Klappe den Beleg nach innen und bügle die Kante. Stecke den Beleg an Vorder- und Rückenteil fest. Fixiere den Beleg mit einem Geradstich im Nahtschatten der Schulternähte, damit er beim Tragen nicht nach außen klappt.

16

Stecke die Ärmel an den Markierungen rechts auf rechts an die Armlöcher. Nähe die Ärmel mit einem Geradstich ein und versäubere die Nahtzugaben.

17

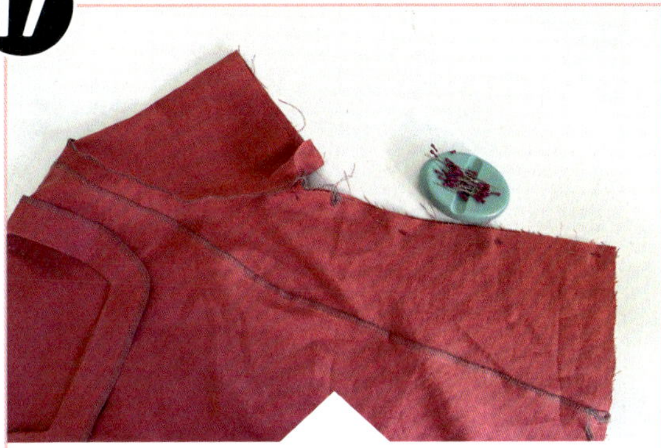

Stecke die Ärmel- und Seitenkanten bündig rechts auf rechts. Nähe die Kanten mit einem Geradstich zusammen und versäubere die Nahtzugaben.

18

Stecke die kurzen Kanten der Ärmelbündchen rechts auf rechts und nähe sie mit einem Geradstich zusammen. Falte die Nahtzugaben auseinander.

19

Falte die Bündchen längs links auf links; achte dabei darauf, dass die auseinandergefalteten Nahtzugaben aufeinanderliegen, damit die Naht später schön flach wird. Stecke die Bündchen mit den offenen Kanten rechts auf rechts bündig an die Ärmelsäume.

20

Nähe die Bündchen mit einem Geradstich an die Ärmelsäume. Versäubere die Nahtzugaben, falte sie in den Ärmel und steppe sie von rechts mit einem Geradstich ab.

21

Versäubere den Saum der Bluse, falte ihn an der Markierung auf die linke Stoffseite und steppe ihn in der Mitte der Versäuberungsnaht mit einem Geradstich fest.

22

Fertig ist deine Bluse.

Schau mal hier,

Sabine trägt Rosario aus Double Gauze in Größe 48. Sie hat sich für die Ärmel in Dreiviertellänge entschieden.

Varianten

Für Rosario gibt es drei Ärmellängen (Kurzarm, Dreiviertelarm und Langarm) sowie zwei Saumlängen (Shirt oder Tunika). Du kannst Rosario zusätzlich abwandeln, indem du statt der Bündchen einen einfach umgeschlagenen Saum an den Ärmeln nähst. Wenn du die Bluse gerne locker trägst, verzichte einfach zur Abwechslung auf die Bindebänder.

Arlett

BASIC-SHIRTS sind unverzichtbarer Bestandteil einer guten Garderobe. Shirt Arlett sieht mit der nach vorn verlegten **SCHULTERNAHT** besonders mit geringelten Stoffen super aus. Du kannst es aber auch wunderbar aus einfarbigen oder gemusterten Stoffen zaubern. Das Shirt kann sowohl mit **RUNDHALSAUSSCHNITT** als auch mit einem stylischen Rollkragen genäht werden. Der Schnitt enthält neben drei Ärmellängen auch eine ärmellose Variante, die mit einer Paspel eingefasst wird. Es lohnt sich auf jeden Fall, verschiedene Arlett-Modelle im Fundus zu haben. Das Shirt ist ein toller **MATCHPARTNER** zu Latzkleidern, Jeans oder Röcken.

Größe: 32-60

Passform: körpernah

Näh-Level: leicht

DAS BRAUCHST DU

- Jersey, 140 cm breit

Größe	32	34	36	38	40	42	44	46	48	50	52	54	56	58	60
Verbrauch in m	1,30	1,30	1,30	1,30	1,30	1,40	1,40	1,60	1,75	1,80	1,90	2,00	2,10	2,20	2,30

- farblich passendes Nähgarn

ZUSCHNITT

Die Schnittmuster enthalten 1 cm Nahtzugabe und 2 cm Saumzugabe an Vorderteil, Rückenteil und Ärmeln.

- 1x Vorderteil im Stoffbruch
- 1x Rückenteil im Stoffbruch
- 2x Ärmel gegengleich, alternativ: 2x Armlochpaspel
- 1x Rollkragen im Stoffbruch, alternativ: Halslochpaspel im Stoffbruch

SCHNITT MUSTER BOGEN 1A | 2B

NICOLE TRÄGT ARLETT IN GRÖSSE 42.

ZUSCHNEIDEPLÄNE

Größe 32-40

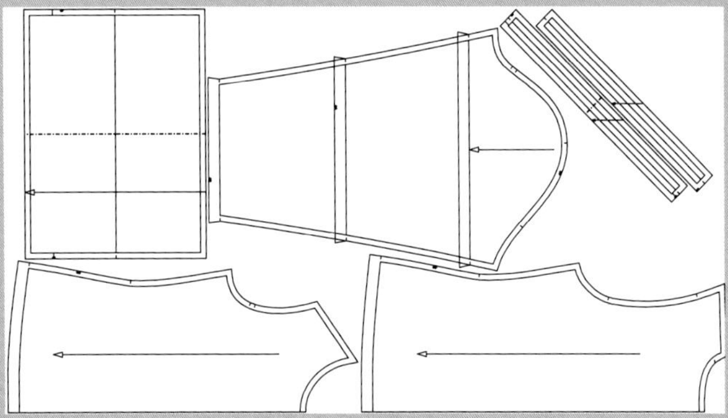

Größe 42-50

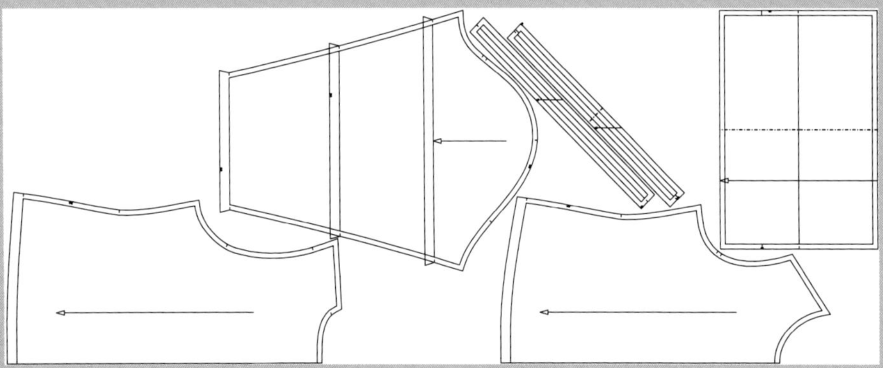

Größe 52-60

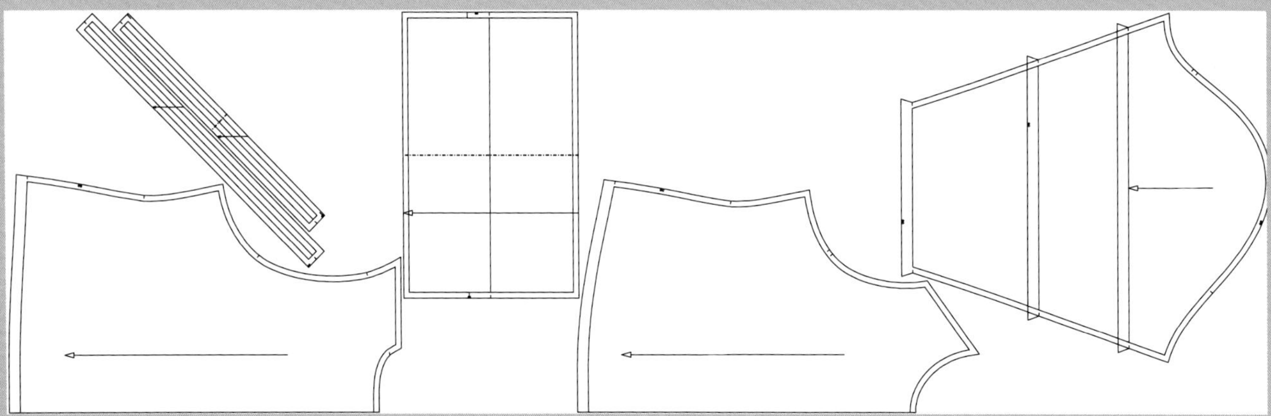

ARLETT ohne Kragen und Ärmel

SO WIRD'S GEMACHT

1

Stecke Vorder- und Rückenteil an den Schulterkanten bündig rechts auf rechts aufeinander.

2

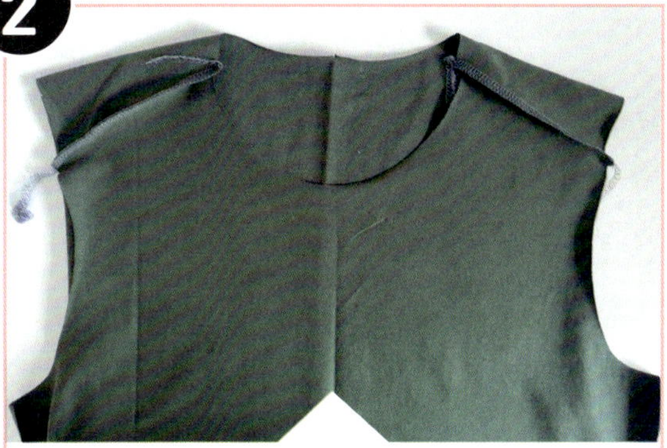

Schließe die Schulternähte mit einem elastischen Stich deiner Nähmaschine oder mit der Overlock. So sollte es jetzt aussehen.

3

Stecke die Seitenkanten von Vorder- und Rückenteil rechts auf rechts und nähe sie mit einem elastischen Stich zusammen.

4

Nähe die Halsloch- und Armlochpaspeln an den kurzen Kanten rechts auf rechts zum Ring.

Wenn du für die Naht einen elastischen Stich der Nähmaschine verwendest, kannst du die Nahtzugaben anschließend auseinanderfalten, damit sie nicht auftragen.

5

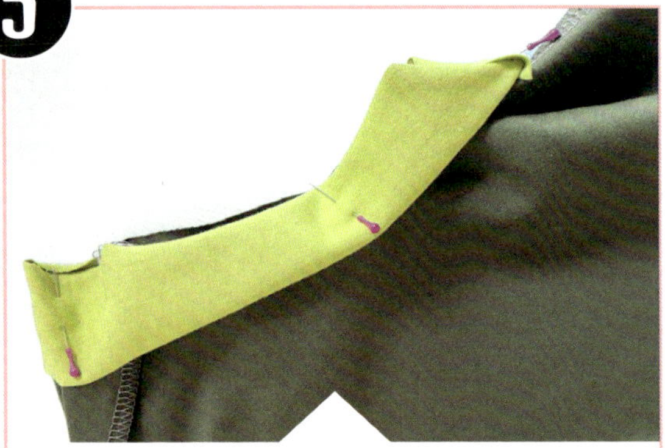

Stecke die Paspeln leicht gedehnt bündig rechts auf links an Armlöcher und Halsloch.

6

Nähe die Paspeln mit einem elastischen Stich an. Dabei wird nur die Paspel gedehnt, nicht der Stoff an Arm- oder Halsloch.

7

So sollte es jetzt aussehen.

8

Falte die offene Paspelkante und die Nahtzugabe zueinander hin.

9

Klappe die Paspel um die Stoffkante herum auf die rechte Stoffseite und stecke sie gut fest.

10

Steppe die Paspel von rechts fest. Dafür kannst du eine Zwillingsnadel oder einen elastischen Stich der Nähmaschine verwenden. Ich nähe die Paspel mit einem Dreifach-Zickzackstich, der auch angenehm beim Tragen ist.

11

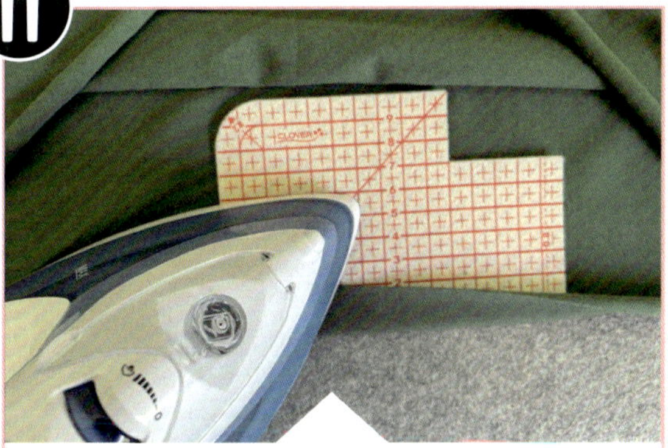

Bügle den Saum von Vorder- und Rückenteil 2 cm auf die linke Stoffseite um.

12

Steppe den Saum von rechts mit einem Dreifach-Zickzackstich oder mit der Zwillingsnadel fest.

13

Und nun näh mehr davon!

ARLETT mit Rollkragen und Kurzarm

SO WIRD'S GEMACHT

1

Stecke die Schulterkanten von Vorder- und Rückenteil rechts auf rechts und schließe die Schulternähte mit einem elastischen Stich deiner Nähmaschine oder mit der Overlock.

2

Falte den Rollkragen-Zuschnitt an den kurzen Kanten rechts auf rechts stecke die Kanten zusammen.

3

Näh die Kanten mit einer elastischen Naht zusammen.

4

Falte den Rollkragen längs links auf links, sodass die Naht innen liegt.

SARINA TRÄGT ARLETT IN GRÖSSE 36.

5

Stecke den Rollragen rechts auf rechts in den Halsausschnitt. Die Rollkragennaht trifft dabei auf die hintere Mitte des Ausschnitts. Die vordere Mitte des Rollkragens trifft auf die vordere Mitte des Ausschnitts. Nähe den Rollkragen mit einem elastischen Stich an.

6

Stecke die Ärmel rechts auf rechts an die Armausschnitte und nähe sie mit einem elastischen Stich an.

7

Stecke die Ärmel- und Seitenkanten von Vorder- und Rückenteil rechts auf rechts und nähe sie mit in einem Arbeitsgang mit einem elastischen Stich zusammen.

8

Falte den Saum an Vorder- und Rückenteil sowie die Ärmelsäume 2 cm zur linken Stoffseite und stecke sie fest.

Steppe die Säume mit einem elastischen Stich fest.

Die kurzen Ärmel, aber auch die Varianten mit Dreiviertel- oder Langarm harmonieren hervorragend mit dem schicken Rollkragen.

Varianten

Du kannst Arlett mit drei verschiedenen Ärmellängen nähen.

SARINA TRÄGT SAWA IN GRÖSSE 36.

Sawa

Sawa ist ein total gemütlicher **OVERSIZE-SWEATER**, in den man sich an kalten Tagen herrlich hineinkuscheln kann. Für mich ist der Sweater eines dieser Teile, von denen ich gar nicht genug bekomme. Er ist blitzschnell und **GANZ EINFACH GENÄHT**.

Größe: 32-60

Passform: körperfern

Näh-Level: leicht

DAS BRAUCHST DU

- Oberstoff: Sweat, French Terry oder Strickstoff, 140 cm breit

Größe	32	34	36	38	40	42	44	46	48	50	52	54	56	58	60
Verbauch in m	2,10	2,10	2,15	2,15	2,20	2,20	2,25	2,25	2,30	2,30	2,30	2,35	2,35	2,40	2,40

- Bündchenware, 30 cm
- farblich passendes Nähgarn

ZUSCHNITT

Die Schnittmuster enthalten 1 cm Nahtzugabe. Übertrage die Markierungen von den Schnittmustern auf die Schnittteile.

OBERSTOFF

- 1x Vorderteil im Stoffbruch
- 1x Rückenteil im Stoffbruch
- 2x Ärmel gegengleich
- 1x Saumbündchen Vorderteil
- 1x Saumbündchen Rückenteil

BÜNDCHENWARE

- 1x Halsbündchen im Stoffbruch
- 2x Ärmelbündchen

SCHNITT MUSTER BOGEN 2A|2B

SABINE HAT SAWA IN GRÖSSE 48 GENÄHT.

ZUSCHNEIDEPLÄNE

Größe 32-40

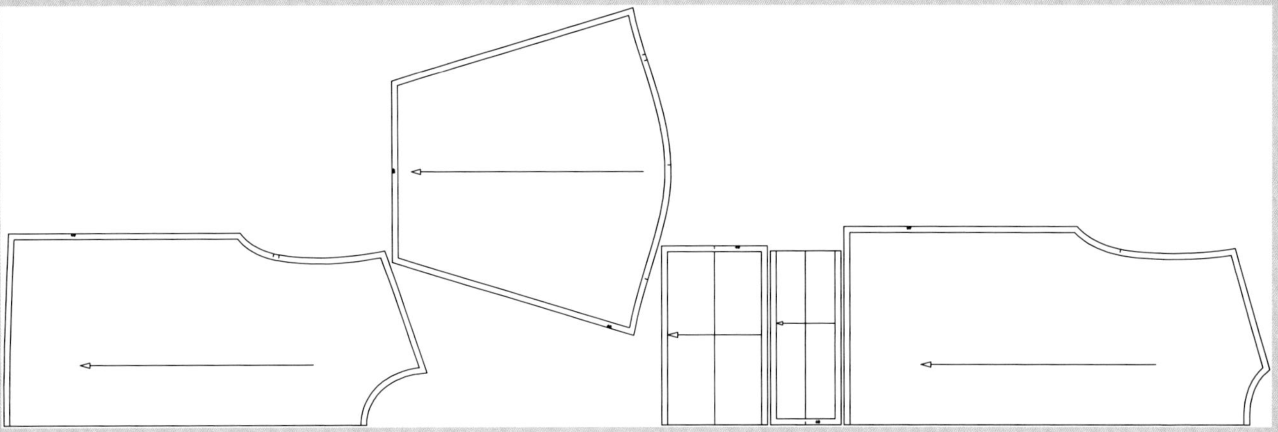

Größe 42-50

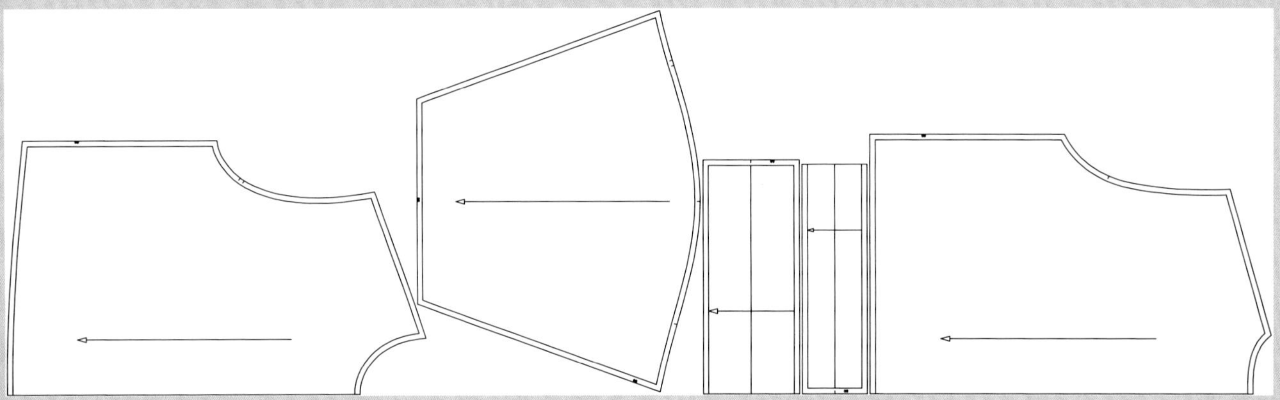

Größe 52-60

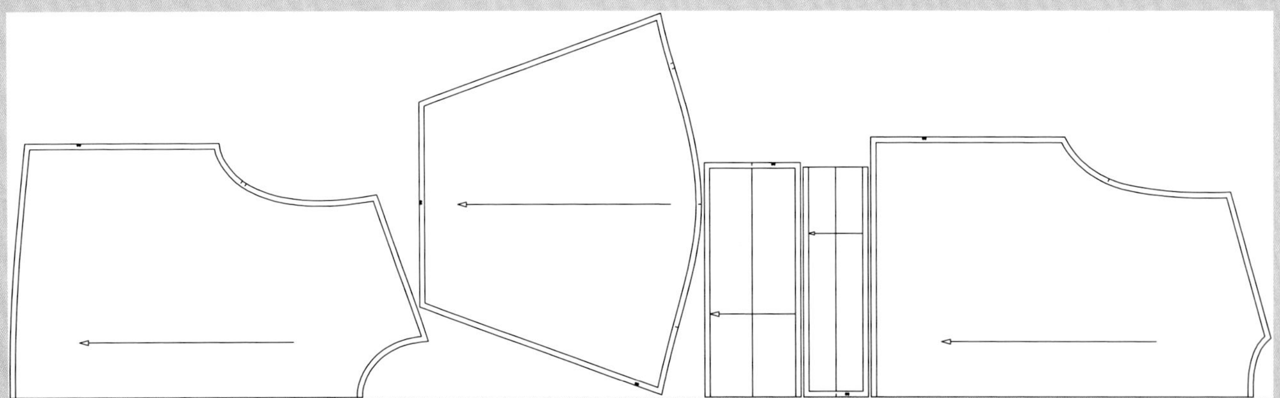

SO WIRD'S GEMACHT

1

Stecke die Schulterkanten von Vorder- und Rückenteil bündig rechts auf rechts zusammen.

2

Schließe die Schulternähte mit einem elastischen Stich deiner Nähmaschine oder mit der Overlock.

3

Stecke die Ärmel bündig rechts auf rechts an die Armausschnitte. Achte dabei darauf, dass die Markierungen für vorne und hinten an Ärmel sowie Vorder- und Rückenteil aufeinandertreffen. Nähe die Ärmel mit einem elastischen Stich an.

4

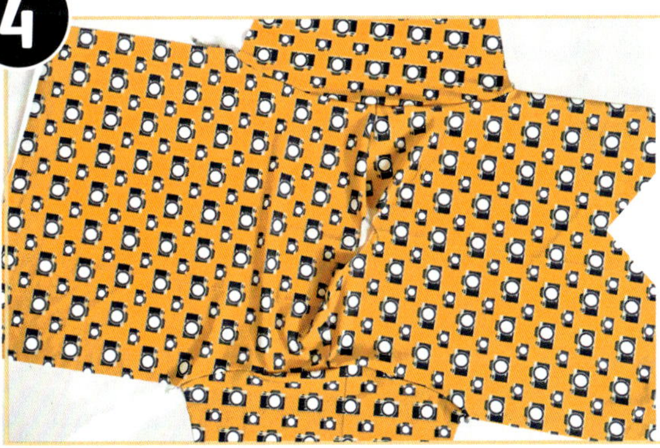

So sollte es jetzt aussehen.

5

Stecke die Ärmel- und die Seitenkanten bündig rechts auf rechts zusammen. Die Nähte im Bereich der Achseln treffen dabei genau aufeinander. Nähe die abgesteckten Kanten jeweils in einem Arbeitsgang zusammen.

6

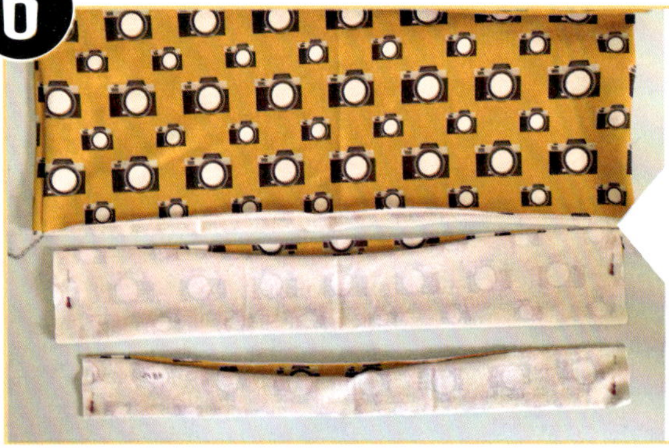

Wende den Sweater. Falte jeweils die langen Kanten der Saumbündchen rechts auf rechts. Stecke die kurzen Kanten zusammen.

7

Nähe die kurzen abgesteckten Kanten mit einem Geradstich zusammen. Kürze die Nahtzugaben an den Ecken etwas ein, so lassen sich die Ecken besser ausformen.

8

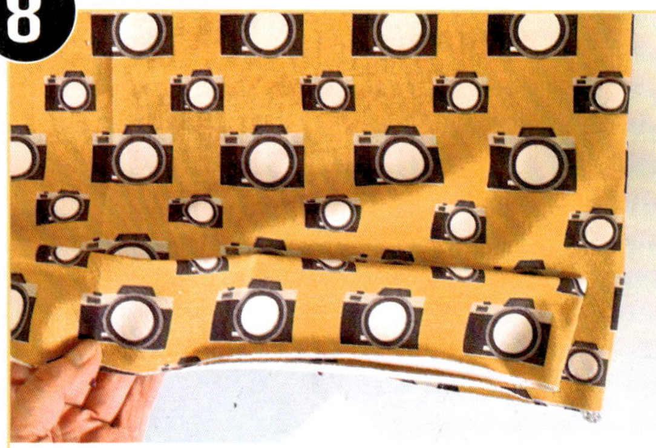

Wende die Saumbündchen und bügle sie. Stecke die Bündchen leicht gedehnt mit den offenen Kanten an den Saum von Vorder- bzw. Rückenteil.

Checke bei gemusterten Stoffen, dass das Muster nach dem Annähen nicht auf dem Kopf steht.

Die Kanten der Bündchen liegen auf Stoß an der Seitennaht.

Nähe die Bündchen mit einem elastischen Stich an. So sollte es jetzt aussehen.

Falte die Nahtzugaben in das Vorder- bzw. Rückenteil und steppe sie mit einem elastischen Stich ab.

Stecke die kurzen Kanten der Zuschnitte für Hals- und Ärmelbündchen bündig rechts auf rechts zusammen.

Die Ärmelbündchen des Sweaters sind lockerer geschnitten. Wenn du sie gern etwas enger trägst, kannst du sie nach einer Anprobe entsprechend kürzen.

13

Nähe die abgesteckten Kanten mit einem kurzen Geradstich oder einem schmalen Zickzackstich zusammen.

14

Klappe die Nahtzugaben auseinander und falte die Bündchen längs links auf links. Stecke das Halsbündchen rechts auf rechts an den Halsausschnitt. Die Bündchennaht trifft auf die hintere Mitte des Halsausschnitts. Die vordere Mitte des Bündchens trifft auf die vordere Mitte des Ausschnitts. Nähe das Halsbündchen mit einem elastischen Stich leicht gedehnt an.

15

Stecke die Ärmelbündchen mit den offenen Kanten bündig an die Ärmelsäume. Dabei trifft die Bündchennaht auf die Ärmelnaht.

16

Nähe die Ärmelbündchen mit einem elastischen Stich leicht gedehnt an die Ärmelsäume.

Varianten

Wenn du elastischen Stoff verwendest, kannst du die Bündchen aus Oberstoff arbeiten. Sehr schön sehen aber auch kontrastfarbige Abschlüsse aus Bündchenstoff aus, der zu den Farben des Hauptstoffs passt.

Weil Sawa sich so vielseitig kombinieren lässt, hat sich Sabine gleich noch drei weitere Varianten in Größe 48 genäht. Aus schwarz-weiß geringeltem French Terry mit schwarzen Bündchen, aus French Terry mit Blümchen mit geringeltem Bündchen und aus einem hell geringelten French Terry mit gelben Bündchen.

Quinn

Du liebst es flippig? Dann sag hallo zu **ZIPFELSHIRT** Quinn. Das Oberteil mit langen seitlichen Zipfeln macht sich gut als kurzärmeliges **T-SHIRT** mit dem gewissen Etwas. In der langen Version als **TUNIKA** wird die schmeichelhafte **A-LINIE** des Shirts sogar noch deutlicher hervorgehoben. Quinn lässt sich super aus Jersey nähen. Je leichter und fließender der Stoff, desto **LÄSSIGER** fällt das Oberteil. Perfekt sind Viskose-Jersey, Interlock oder feine Strickstoffe. Aber auch ein Baumwolljersey ergibt ein traumhaft schönes Zipfelshirt.

Größe: 32-60

Passform: locker

Näh-Level: leicht

DAS BRAUCHST DU

- Jersey, Interlock oder feiner Strickstoff, 140 cm breit

Größe	32	34	36	38	40	42	44	46	48	50	52	54	56	58	60
Verbrauch in m • Shirt	1,60	1,60	1,60	1,60	1,60	1,70	1,80	1,90	2,00	2,00	2,10	2,10	2,20	2,20	2,30
• Tunika	1,90	1,90	1,90	1,90	1,90	2,00	2,10	2,20	2,30	2,30	2,40	2,40	2,50	2,50	2,60

- farblich passendes Nähgarn

ZUSCHNITT

Die Schnittmuster enthalten 1 cm Nahtzugabe und 2 cm Saumzugabe an Vorderteil, Rückenteil und Ärmeln.

- 1x Vorderteil im Stoffbruch
- 1x Rückenteil im Stoffbruch
- 2x Ärmel gegengleich
- 1x Halslochpaspel im Stoffbruch

SCHNITT MUSTER BOGEN 1A | 1B | 2A

NICOLE TRÄGT QUINN IN GRÖSSE 42 MIT KURZEN ÄRMELN IN SHIRT-LÄNGE.

ZUSCHNEIDEPLÄNE

Größe 32-40

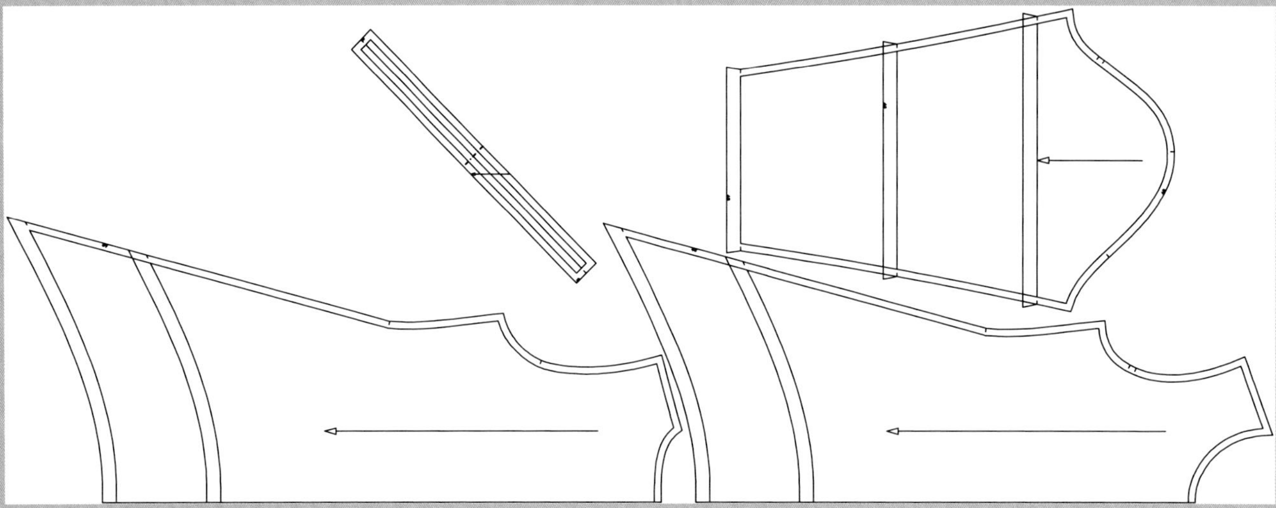

Größe 42-50

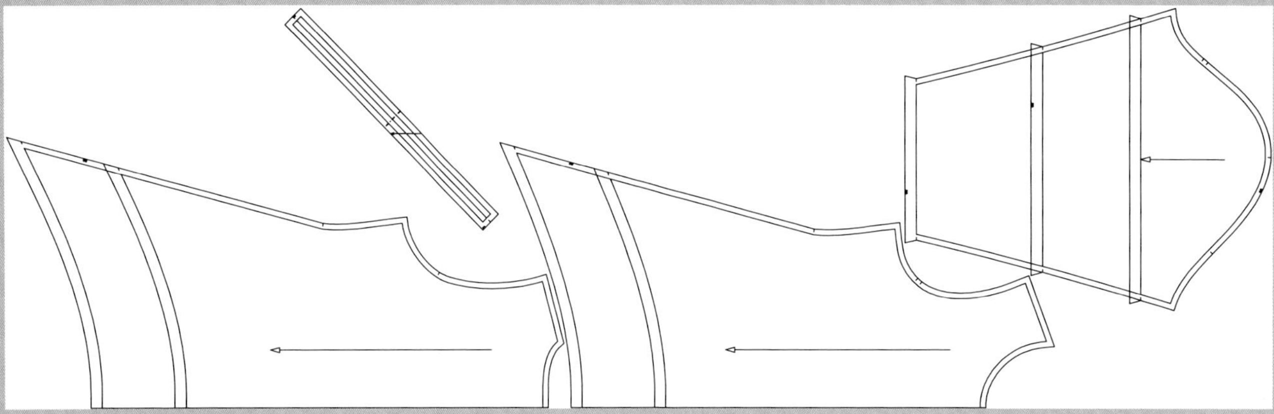

Größe 52-60

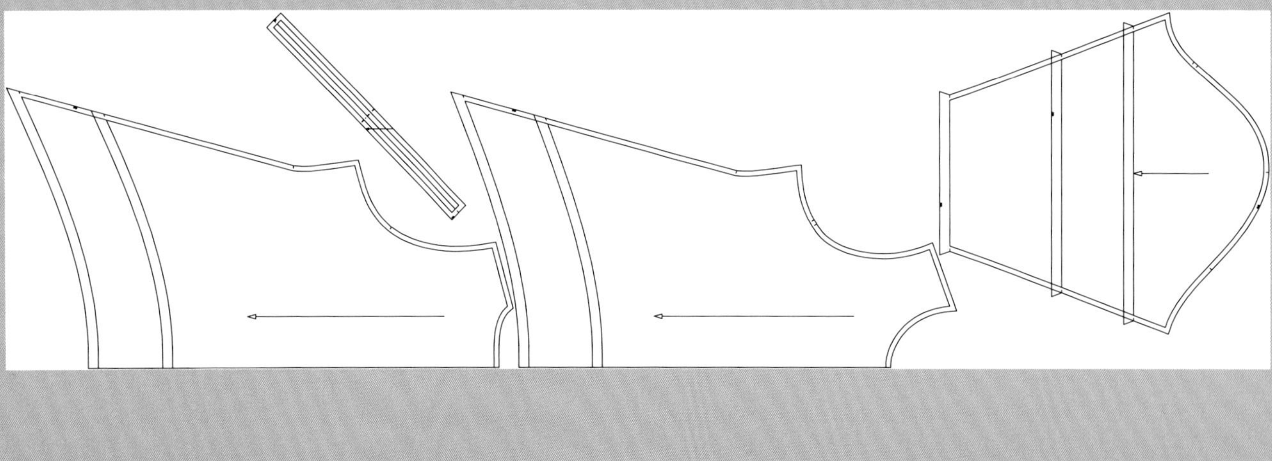

SO WIRD'S GEMACHT

1

Bügle die Säume von Ärmeln sowie Vorder- und Rückenteil 2 cm zur linken Stoffseite um.

2

Stecke die Schulterkanten von Vorder- und Rückenteil bündig rechts auf rechts.

3

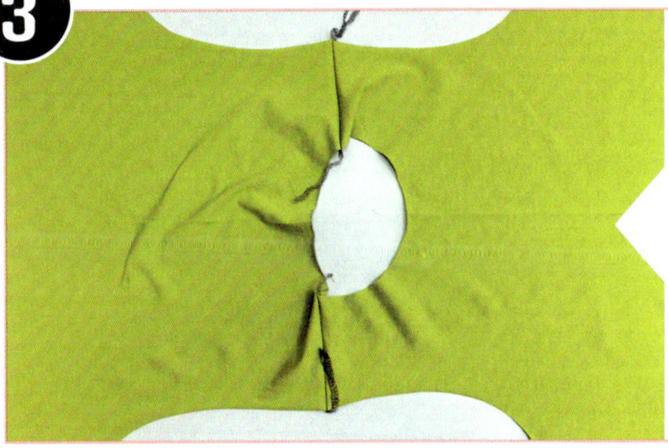

Schließe die Schulternähte mit einem elastischen Stich der Nähmaschine oder mit der Overlock. So sollte es jetzt aussehen.

4

Stecke die Ärmel bündig rechts auf rechts an die Armausschnitte. Achte dabei darauf, dass die Markierungen für vorne und hinten in Ärmel sowie Vorder- und Rückenteil aufeinandertreffen.

5

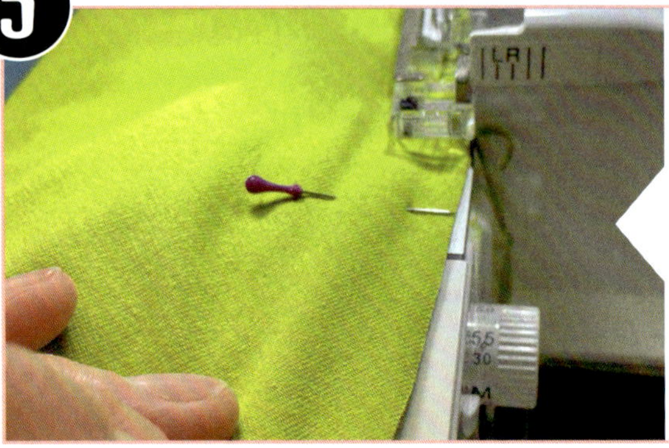

Nähe die Ärmel an die Armausschnitte. Du kannst dafür sowohl die Nähmaschine als auch die Overlock verwenden.

6

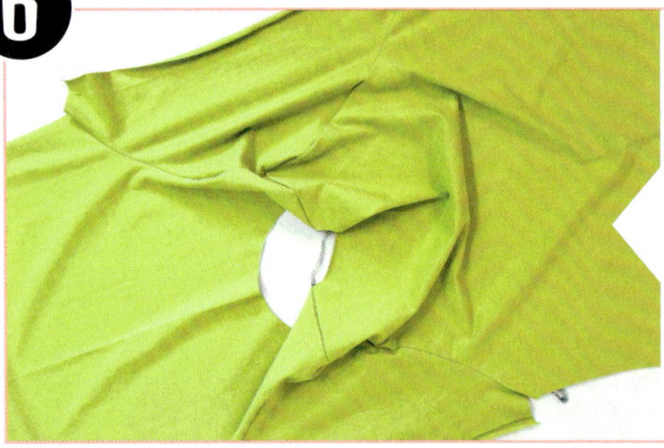

So sollte es jetzt aussehen.

7

Stecke Ärmel- und Seitenkanten bündig rechts auf rechts.

8

Schließe die Ärmel- und Seitennähte mit einem elastischen Stich deiner Nähmaschine oder mit der Overlock. So sollte es jetzt aussehen.

9

Bügle die Saumzugaben der Zipfel 2 cm auf die rechte Stoffseite.

10

Falte die Saumzugaben so aufeinander, dass die Falte in der Mitte genau auf die Seitennaht trifft.

11

Bügle die Saumzugabe zu einer Seite.

12

Falte die umgebügelte Saumzugabe zurück. Die Bügelfalte, die auf der Seitennaht verläuft, ist jetzt gut zu erkennen. Du kannst sie zusätzlich mit einem Textilstift markieren.

13

Stecke die Saumzugaben rechts auf rechts aufeinander.

14

Nähe den Zipfel auf der Markierung mit einem kurzen Geradstich ab.

15

So sollte es jetzt aussehen.

16

Schneide die abgenähte Ecke bis kurz vor die Naht zurück. Nähe die Saumzugabe am zweiten Zipfel genauso.

17

Klappe den Saum an den Zipfeln 2 cm auf die linke Stoffseite um und bügle ihn.

18

Falte den Saum von Vorder- und Rückenteil rundherum 2 cm auf die linke Stoffseite und stecke ihn fest.

19

Falte die Ärmelsäume 2 cm auf die linke Stoffseite und stecke sie fest.

20

Steppe die Säume mit einem elastischen Stich der Nähmaschine fest.

21

Stecke die kurzen Kanten der Halslochpaspel rechts auf rechts aufeinander.

22

Nähe die Paspel an den kurzen Kanten zu einem Ring zusammen.

23

Falte die Paspel längs links auf links. Stecke die Paspel rechts auf rechts an den Halsausschnitt. Die Paspelnaht trifft auf die hintere Mitte des Halsausschnitts. Die vordere Mitte der Paspel trifft auf die vordere Mitte des Ausschnitts.

24

Nähe die Paspel leicht gedehnt an den Halsausschnitt.

25

Fertig ist dein Zipfelshirt!

Sieh mal,

Sabine hat sich hier für die Tunika-Länge und lange Ärmel entschieden.

Bei der Tunika-Variante wird die A-Linie noch markanter als beim Shirt.

Varianten

Quinn kannst du mit drei verschiedenen Ärmellängen (Kurzarm, Dreiviertelarm oder Langarm) und zwei Saumlängen (Shirt und Tunika) nähen.

Ennis

Fix übergezogen, wenn es kühl wird, begleitet dich der **PULLUNDER** mit lässig **ÜBERSCHNITTENEN SCHULTERN** rund ums Jahr. Natürlich lässt er sich herrlich mit den Shirts und Blusen in diesem Buch **KOMBINIEREN**. Du kannst Ennis ganz klassisch mit **BÜNDCHEN** nähen. Oder du zauberst dir einen coolen **HOODIE-PULLUNDER** mit **KAPUZE**.

Größe: 32-60

Passform: locker

Näh-Level: mittel

DAS BRAUCHST DU

- Oberstoff: Sweatstoff, 140 cm breit

Größe	32	34	36	38	40	42	44	46	48	50	52	54	56	58	60
Verbrauch in m • mit Kapuze	1,05	1,05	1,05	1,05	1,05	1,10	1,10	1,10	1,10	1,10	1,70	1,70	1,75	1,75	1,75
• ohne Kapuze	0,65	0,65	0,65	0,65	0,65	0,65	0,65	0,65	0,70	0,70	1,30	1,30	1,30	1,35	1,35

- Futterstoff: Jersey oder Sweatstoff, 140 cm breit

Größe	32	34	36	38	40	42	44	46	48	50	52	54	56	58	60
Verbrauch in cm	40	40	40	45	45	45	45	45	45	45	45	45	50	50	50

- Bündchenstoff, alternativ elastischer Sweatstoff, 140 cm breit, 35 cm
- farblich passendes Nähgarn
- Hoodie-Kordel, 10 mm breit, 1,10 m
- 2 Ösen, ø 10 mm
- 2 Ösen-Patches, alternativ: Rest Bügelvlies
- 2 Kordelstopper
- Durchziehnadel

SCHNITT MUSTER BOGEN 2A|2B

ZUSCHNEIDEPLÄNE

Größe 32-40

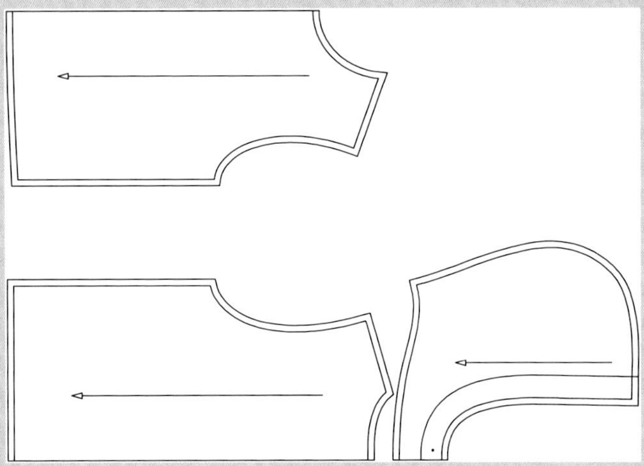

Größe 42-50

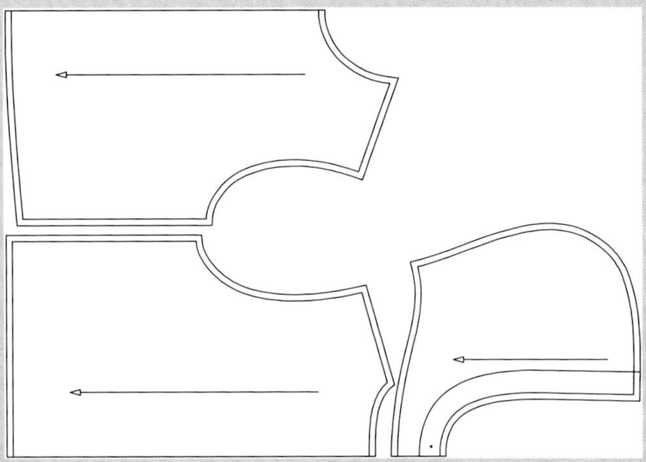

Größe 52-60

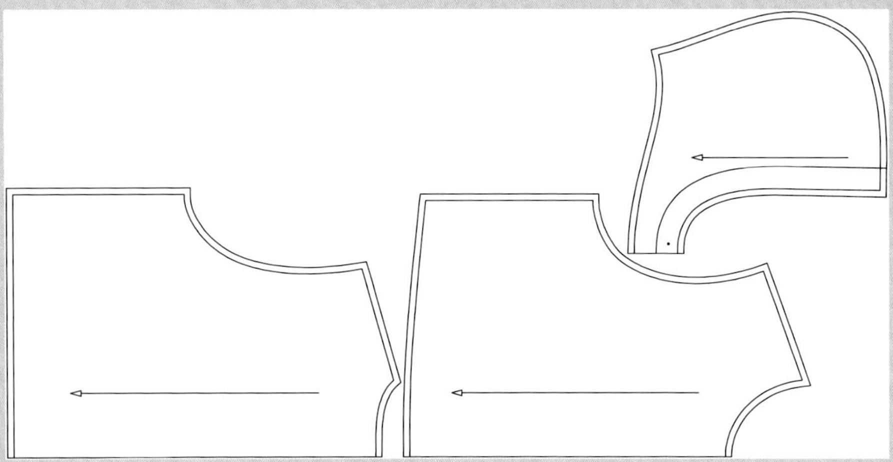

ZUSCHNITT

Die Schnittmuster enthalten 1 cm Nahtzugabe. Übertrage alle Markierungen auf den Stoff.

OBERSTOFF

BÜNDCHENSTOFF

…n Stoffbruch

… Kapuze)

…im Stoffbruch

…en

… und Seitennähte

4

Stecke Saumbündchen und Armlochbündchen jeweils an den kurzen Kanten rechts auf rechts und nähe sie mit der Overlock oder mit einem elastischen Stich deiner Nähmaschine zu einem Ring zusammen.

5

Knipse die Overlocknaht in der Mitte bis zu den Nadelfäden ein und falte die Nahtzugaben voneinander weg. So liegt die Naht später schön flach. Falls du mit der Nähmaschine genäht hast, faltest du die Nahtzugaben einfach auseinander.

6

So sollte es jetzt aussehen.

7

Falte die Bündchen längs links auf links, sodass die Kanten bündig liegen.

8

Stecke die Armlochbündchen bündig an die Armlöcher. Achte dabei darauf, dass du die vordere Seite des Bündchens an das Vorderteil steckst und dass die Bündchennaht auf die Seitennaht trifft.

9

Stecke das Saumbündchen bündig rechts auf rechts an den Saum von Vorder- und Rückenteil. Die Naht des Bündchens trifft auf eine Seitennaht.

10

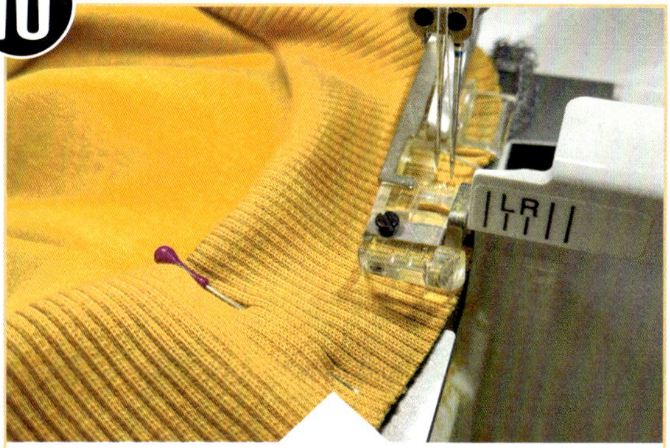

Nähe die Bündchen mit der Overlock an. Dabei dehnst du nur die Bündchen leicht, den Oberstoff nicht.

11

So sollte es jetzt aussehen.

12

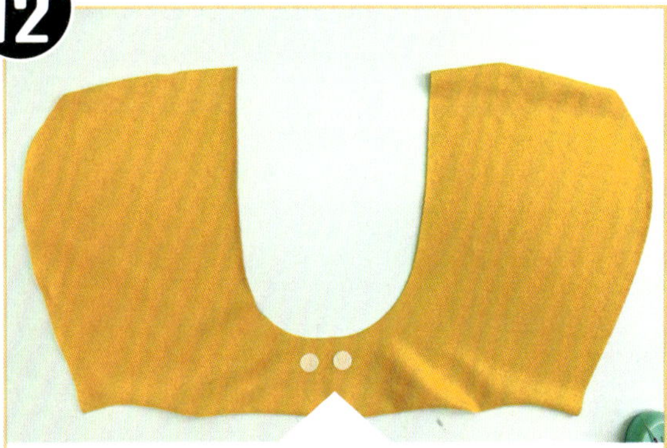

Verstärke die Stellen, an denen die Ösen sitzen werden, auf der linken Stoffseite markierungsgemäß mit Bügelvlies oder Ösen-Patches. Das aufgebügelte Vlies sorgt dafür, dass die Ösen nicht ausreißen.

Wenn du auf Ösen aus Metall verzichten willst, nähst du jeweils ein kleines Stück Sweatstoff rechts auf rechts auf die Ösenposition. Nähe dabei die Ösenmarkierung mit einem kurzen Geradstich exakt nach. Schneide den Stoff innerhalb der Naht auf, achte darauf, dass du die Naht nicht durchtrennst. Zieh das Sweatstück durch die Öse und steppe es von rechts rundherum fest. Schneide den überstehenden Stoff etwas zurück.

Sarina trägt ENNIS in Größe 36

13

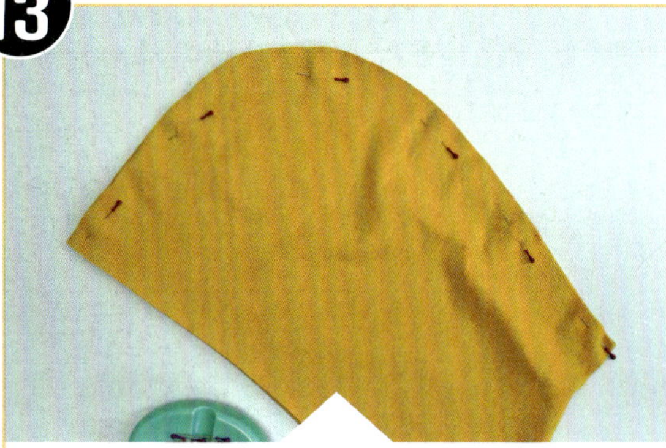

Falte die Kapuze aus Oberstoff rechts auf rechts, stecke die oberen Kanten zusammen und schließe die Scheitelnaht mit der Overlock.

14

Nähe die Kapuze aus Futterstoff genauso.

15

Bringe die Ösen nach Herstelleranleitung an der äußeren Kapuze an.

16

So sollte es jetzt aussehen.

17

Schiebe die beiden Kapuzen bündig rechts auf rechts ineinander. Stecke sie an der vorderen Kante zusammen.

18

Nähe die Kanten mit der Overlock zusammen. So sollte es jetzt aussehen.

19

Wende die Kapuze und forme die vordere Kante gut aus. Stecke die beiden Stofflagen sauber mit Stecknadeln zusammen.

20

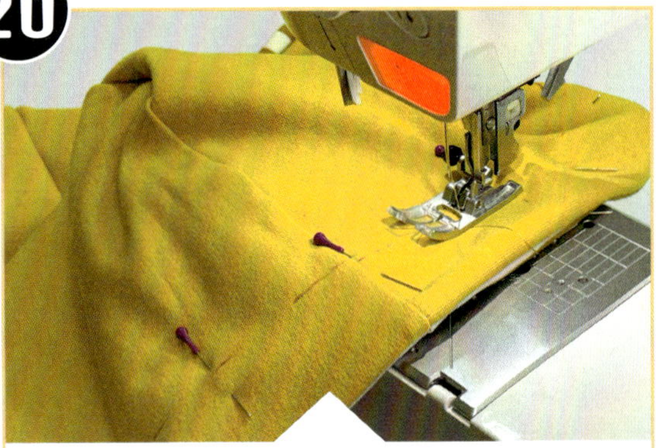

Nähe den Tunnelzug markierungsgemäß mit einem elastischen Geradstich rundherum ab.

21

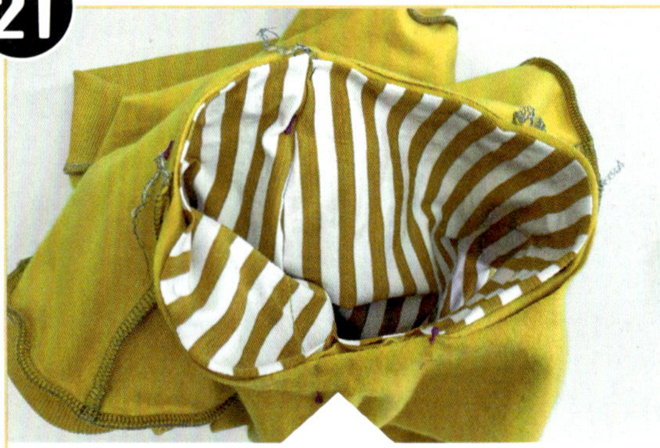

Stecke die Kapuze rechts auf rechts in den Halsausschnitt. Dabei trifft die vordere Mitte der Kapuze auf die vordere Mitte des Halsausschnitts. Nähe die Kapuze mit der Overlock an.

22

Zieh die Kordel mithilfe der Durchziehnadel in den Tunnelzug. Sichere die Enden mit Kordelstoppern.

ENNIS mit Rundhalsausschnitt

Auch in der Variante mit Rundhalsausschnitt und Bündchen am Hals macht Ennis richtig was her. Näh ihn aus dem **KUSCHELIGSTEN STOFF**, den du finden kannst. Am besten in einer Farbe, die sich toll mit dem Rest deiner Garderobe **KOMBINIEREN** lässt. Dann kannst du Ennis zu Pullis, Shirts, Kleidern und Blusen tragen – mit dem grandiosen Gefühl, dass du dieses **STYLISCHE TEIL** eigenhändig gezaubert hast.

SO WIRD'S GEMACHT

1

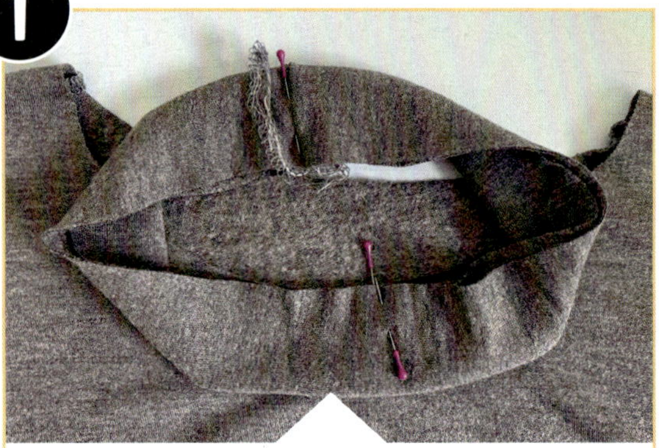

Arbeite den Pullunder gemäß Step 1 bis 11 der Anleitung für die Kapuzen-Variante, nähe Step 4–7 sowie Step 10 auch für das Halslochbündchen. Beim Annähen trifft die Bündchennaht auf die hintere Mitte des Halsausschnitts. Die vordere Mitte des Bündchens trifft auf die vordere Mitte des Ausschnitts.

2

Nähe das Halsbündchen mit der Overlock an. So sollte der fertige Pullunder aussehen.

NICOLE TRÄGT ENNIS IN GRÖSSE 42.

Die richtige GRÖSSE

Deine Maße bestimmen

Bevor du mit dem Nähen startest, solltest du deine Maße korrekt bestimmen, damit du dein Lieblingsteil in der richtigen Größe nähst. Am besten lässt du dir beim Maßnehmen helfen, damit das Maßband wirklich straff und waagerecht über die entsprechenden Stellen deines Körpers gelegt wird.
Die Höhe der Taille kann je nach Körperform etwas abweichen. Wenn du nicht so recht weißt, wo deine Taille liegt, beuge den Oberkörper mit locker hängendem Arm zur Seite. Die Stelle, an der dein Körper abknickt, ist deine Taille. Bei Schnittmustern mit Taillenmarkierung sollte also die Taille für dich auf dieser Höhe sitzen, damit das Oberteil ein stimmiges Gesamtbild abgibt.
Im Schnittmuster kannst du die Höhe der Taille verändern, indem du von der Schulternaht ausgehend deine Taillenhöhe einzeichnest und die Seitenkante mit einem Schneiderlineal etwas angleichst. Das machst du natürlich beim Vorder- und beim Rückenteil.
Einige Modelle in diesem Buch sind oversized geschnitten und verzichten bewusst auf sichtbar formgebende Elemente wie Abnäher oder Falten. Bei anderen Schnitten wird die Körperform durch die Schnittführung oder Bänder betont. Insgesamt ist die Kleidung in diesem Buch aber eher lässig und etwas locker konzipiert, damit du dich darin gut bewegen kannst und maximal wohlfühlst.

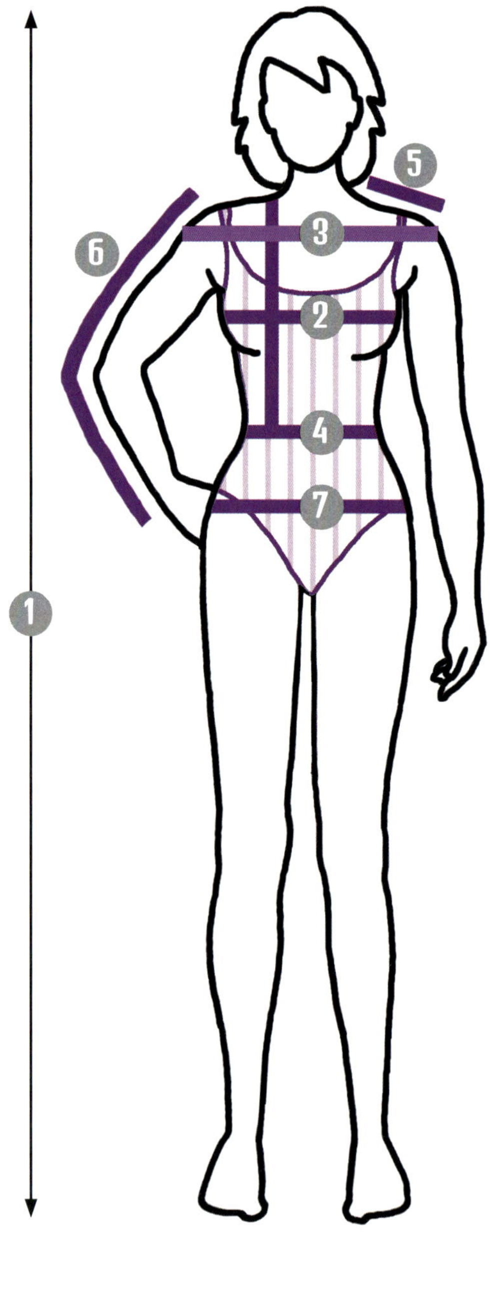

1 Körperlänge
2 Brustumfang
3 Schulterbreite
4 Taillenumfang
5 Schulterlänge
6 Armlänge
7 Hüftumfang

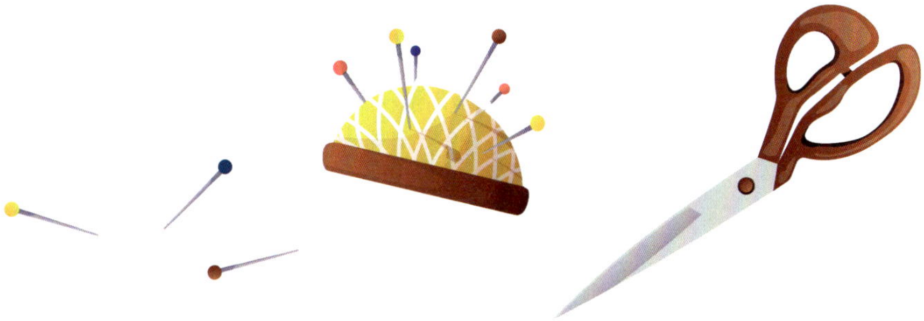

Die passende Größe finden

Vergleiche deine gemessenen Maße mit der Körpermaßtabelle, um deine Größe zu bestimmen. Die Modelle in diesem Buch sind locker geschnitten. Wenn du deine Kleidung gerne etwas körpernah trägst, wähle ggf. die nächstkleinere Größe. Liebst du es locker, wähle die nächstgrößere Größe.

Du kannst zur Bestimmung der richtigen Größe auch die Maße des jeweiligen Modells anhand der Maßtabellen auf Seite 101-105 ablesen und mit einem gut sitzenden Oberteil aus deiner Garderobe vergleichen.

Körpermaßtabelle

Größe	32	34	36	38	40	42	44	46	48	50	52	54	56	58	60
Körperlänge	168	168	168	168	168	168	168	168	168	168	168	168	168	168	168
Brustumfang	76	80	84	88	92	96	100	106	112	118	124	130	136	142	148
Taillenumfang	60	64	68	72	76	80	84	90	96	102	108	114	120	126	132
Hüftumfang	85	89	93	97	101	105	109	114	119	124	129	134	139	144	149
Schulterlänge	11,3	11,6	11,9	12,2	12,5	12,8	13,1	13,3	13,5	13,7	13,9	14,1	14,3	14,5	14,7
Armlänge	59,4	59,6	59,8	60,0	60,2	60,4	60,6	60,8	61,0	61,2	61,4	61,6	61,8	62,0	62,2

Das brauchst du zum NÄHEN

Bevor du mit Volldampf mit dem Nähen deiner neuen Oberteile loslegst, solltest du checken, ob du das notwendige Zubehör am Start hast. In diesem Abschnitt schauen wir uns an, was du brauchst, um die Modelle in diesem Buch umzusetzen.

SCHNITTMUSTERPAPIER UND STIFT, um die Schnittteile deines Lieblingsmodells in der richtigen Größe vom Schnittbogen zu kopieren.

STOFFSCHERE: Besorg dir die beste Schere, die du dir leisten kannst und hege und pflege sie liebevoll. Dann wird sie dir viele Jahre lang Freude bereiten.

Auch hochwertige Scheren sollten gelegentlich nachgeschliffen werden. Vielleicht hast du ja einen Scherenschleifer in der Nähe. Sollte deine Schere eine Mikrozahnung haben, fällt das Schleifen allerdings aus, denn dadurch würde die feine Zahnung der Schneideblätter zerstört werden.

PAPIERSCHERE zum Ausschneiden der Schnittteile. Deine Stoffschere ist für diesen Einsatz definitiv eine Fehlbesetzung, weil sie vom Papierschnippeln stumpf wird.

FADENSCHERE: Eine spitze kleine Fadenschere ist perfekt, um Fäden ganz nah am Stoff abzuknipsen oder Nähgarn vor dem Einfädeln noch mal anzuschneiden. Sie eignet sich auch super, um Passzeichen vom Schnitt auf den Stoff zu übertragen. Dafür machst du einfach 3–5 mm tiefe Knipse in die Nahtzugabe. Auch zum Fertigstellen eines neuen Kleidungsstücks gehört es, alle Fäden sauber abzuschneiden. Das lässt den Look einer Bluse oder eines Shirts gleich viel professioneller wirken.

MASSBAND, um an dir selbst Maß zu nehmen und die richtige Schnittgröße zu ermitteln, sowie zum Zuschneiden der Stoffe.

Kleb dir ein Maßband mit doppelseitigem Klebeband an die Tischkante deines Zuschneidetischs. Dann hast du immer fix ein Lineal zur Hand, um Gurtbänder, Borten, Webbänder und vieles mehr abzumessen.

STOFFGEWICHTE: Mit ihnen kannst du das Schnittmuster beim Zuschneiden auf dem Stoff fixieren. Du kannst sie außerdem verwenden, um große Stoffstücke am Verrutschen zu hindern, besonders wenn sie über die Kante des Zuschneidetischs hängen.

KREIDE ODER TEXTILMARKER, um Passzeichen oder Markierungen zu übertragen. Dadurch werden bei einfarbigen Stoffen rechte und linke Stoffseite markiert.

Bei einfarbigen Stoffen erkennst du die rechte Stoffseite oft daran, dass sie einen etwas intensiveren Farbton hat als die Rückseite.

STECKNADELN: Mittelfeine, etwas längere Stecknadeln sind ein Must-have. Sie markieren Strecken, halten Nahtzugaben auseinander, fixieren Stoffteile und Reißverschlüsse. Und sie dienen als Präzisionsinstrument, mit dem du den Stoff beim Nähen millimetergenau vor der Nadel ausrichten kannst.

Sortiere verbogene Stecknadeln immer sofort aus. Stumpfe Nadeln, die ansonsten tipptopp sind, kannst du schärfen, indem du sie statt in ein Nadelkissen in ein Stück Seife steckst.

STOFFCLIPS: Ein kleines Set Stoffclips ist nützlich, wenn du gerne dicke oder feste Stoffe verarbeitest. Denn statt angestrengt zu versuchen, mehrere dicke Stoffschichten mit einer Stecknadel zu durchstechen, klammerst du sie einfach mit einem Stoffclip zusammen.

ROLLSCHNEIDER: Ein cooles Gerät, mit dem du lange Strecken schnell und präzise zuschneiden kannst. Die Klinge des Rollschneiders sollte ausgetauscht werden, sobald sie anfängt, beim Schneiden einzelne Fäden auszulassen.

NÄHGARN: Ein gutes Nähgarn, das zur Farbe des Stoffes passt, verdient besondere Aufmerksamkeit, weil es deine Kleidung zusammenhält. Du kannst entscheiden, ob du Nähgarn aus Polyester oder aus Baumwolle verwendest.

Gutes Garn erkennst du daran, dass es glänzt, flusenfrei und fest gezwirnt ist.

NAHTTRENNER: Auch wenn dich früher oder später eine Art Hassliebe mit diesem Helferlein verbinden könnte – ein Nahttrenner gehört einfach dazu. Mit ihm lassen sich Nähfehler fix beheben. Achte darauf, dass der Nahttrenner schön scharf ist und gut in der Hand liegt.

Um möglichst präzise mit dem Nahtrenner zu arbeiten, solltest du den Stoff schön straff halten. Auch das Auseinanderbügeln der Nahtzugaben kann helfen, die Naht leichter aufzutrennen.

Welche MASCHINE eignet sich WOFÜR?

In diesem Abschnitt gebe ich dir einen kurzen Überblick über die Maschinen, die man im Hobbybereich zum Nähen von Kleidung einsetzen kann.

Die Haushaltsnähmaschine

In der industriellen Fertigung von Textilien gibt es Industrienähmaschinen, die mit enormer Geschwindigkeit über den Stoff sausen. Für uns Hobby-Sewistas genügt eine ganz normale Haushaltsnähmaschine. Dabei kommt es gar nicht darauf an, ein möglichst teures Modell zu kaufen. Wichtig ist, dass die Maschine dir bietet, was du brauchst. Und dass du dich mit ihr wohlfühlst.
Mit einer Haushaltsnähmaschine kannst du, sofern du die richtige Einstellung gefunden hast,

- Webware, Wirkware und Nonwoven Fabrics wie zum Beispiel Korkstoff oder Filz verarbeiten,
- Säume und Nahtzugaben versäubern,
- Reißverschlüsse und Knopflöcher nähen,
- Zierstiche und verschiedene Schriftarten (je nach Maschine unterschiedlich) zaubern.

Dabei ist es wichtig, eine Nähmaschinennadel zu verwenden, die zur Stoffart und auch zur Stärke des Stoffs passt (siehe Seite 94-97).

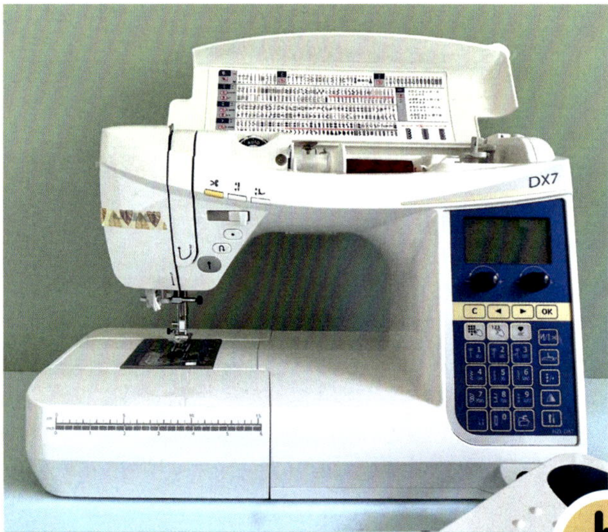

Dass du die perfekte Maschine für dich gefunden hast, merkst du vor allem daran, dass es dich immer wieder magisch zu ihr hinzieht. Zum Beispiel dann, wenn du dir ganz fest vorgenommen hattest, die Fenster zu putzen ...

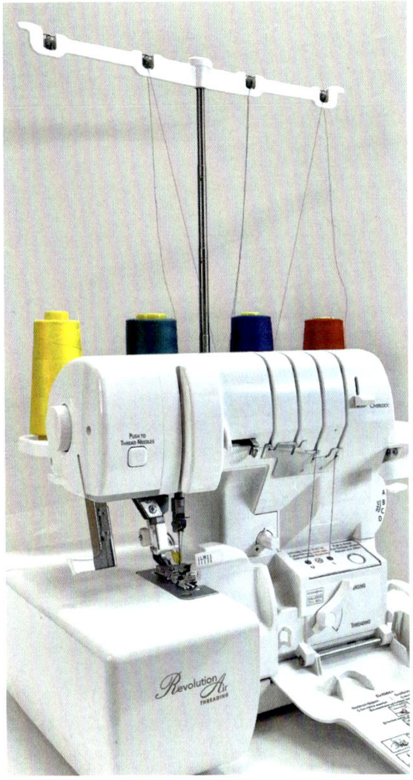

Die Overlock

Die Overlock, uns Hobby-Nähsüchtigen auch als „Ovi" bekannt, ist die perfekte Ergänzung zur Nähmaschine. Wenn du viel Kleidung nähst, kommst du an dieser Anschaffung kaum vorbei. Gerade für die Verarbeitung von Jersey und anderen dehnbaren Stoffen ist sie fantastisch, weil sie Elastisches so schön gleichmäßig transportiert. Allerdings findet das Nähen, anders als bei der Nähmaschine, nur am Stoffrand statt. Du kannst also mit der Ovi nicht mitten auf dem Stoff nähen.

Die Ovi ist ein echter Tausendsassa. Sie kann

- Webware und Wirkware verarbeiten,
- gleichzeitig die Nahtzugabe trimmen, versäubern und nähen,
- Säume nähen (z. B. Rollsäume oder Flatlocksäume),
- Projekte mit Overspitze oder Paspeln dekorieren und vieles mehr.

Anders als die Nähmaschine, die mit einer Oberfadenspule und einer Unterfadenspule funktioniert, läuft die Overlock mit zwei Greifer- und zwei Nadelfäden. Mit ihnen erzeugt sie diese blitzsauberen, elastischen Nähte, wie du sie z. B. von gekauften T-Shirts kennst.

Die Covermaschine

Kein Muss – aber für Vielnäherinnen und Vielnäher durchaus eine Überlegung wert. Ihr Job ist es, professionell aussehende Säume zu nähen. Schau dir den Saum eines gekauften Shirts an: Meist findest du auf der einen Seite zwei oder drei gerade Nähte, die parallel verlaufen, und auf der Unterseite eine breite Naht mit sich überkreuzenden Fäden. So sieht eine Covernaht aus. Dabei ist es ganz deine Entscheidung, ob die Geradstiche auf der rechten oder linken Stoffseite verlaufen. Beides ist super. Du kannst die Cover einsetzen, um

- Kleidung zu säumen,
- Nähte und Nahtzugaben abzusteppen (z. B. die Schulternähte von Raglan-Pullis),
- Kettstiche zu nähen (z. B. auf Taschen, Kissen oder Kleidung).

Die Cover arbeitet wie die Overlock mit mehreren Garnkonen. Das ermöglicht es dir, schöne Ziernähte in allen Farben des Regenbogens zu kreieren. Schlichte Shirts oder Hosen können damit ganz easy aufgehübscht werden.

Du hast nicht genug Platz für Overlock und Cover? Dann ist vielleicht eine Coverlock das Richtige für dich. Diese Maschine ist eine Art Best-of aus Overlock und Cover, die je nach Bedarf und Einsatzart umgebaut werden kann.

STOFFarten

In diesem Buch verarbeiten wir gängige Stoffarten, die du in jedem Stoffladen oder auch online finden kannst. Es sind sowohl Schnittmuster für Webware, also unelastische Stoffe wie Leinen, Baumwollgewebe oder Musselin, als auch für Wirkware enthalten. Gewirkte Stoffe sind zum Beispiel Jersey, Sweat oder auch Strickstoffe.

Webware

BAUMWOLLWEBWARE
Ein unkomplizierter Stoff, der sich großartig zum Nähen von Kleidung eignet. Baumwollwebware kann je nach Verarbeitung ganz unterschiedlich aussehen.

POPELINE: robuster, mittelschwerer Stoff, der sich für die gesamte Oberbekleidung nutzen lässt.
Verarbeitung: Universalnadel, Stärke 80-90

CANVAS: festes, Gewebe, das sich gut zum Nähen von Röcken, Hosen oder Jacken eignet.
Verarbeitung: Universalnadel, Stärke 80-100

DENIM: robuster Stoff, aus dem sich sehr gut Hosen und Jacken nähen lassen. Hemden-Jeans ist weicher und dünner und damit auch super für Blusen und Hemden geeignet.
Verarbeitung Hemdenjeans: Universalnadel, Stärke 80-90
Verarbeitung Hosendenim: Jeansnadel, Stärke 80-100

MUSSELIN: doppellagiges Gewebe (bei Triple Gauze sogar dreilagig), dessen feine, gekräuselte Stofflagen punktuell miteinander verwoben sind. Die gecrinkelte Struktur macht das Gewebe elastisch und sorgt für ein fluffiges Tragegefühl. So ist Musselin perfekt für leichte Sommerbekleidung wie Kleider und Tuniken. An den Stoffrändern kräuselt sich Musselin oft stärker als in der Mitte. Am fertigen Kleidungsstück sorgt diese Eigenschaft für einen lebendigen Look.

Verarbeitung: Aufgrund seiner Stoffeigenschaften kann Musselin sowohl mit der Nähmaschine (Universalnadel, Stärke 70–90) als auch mit der Overlock verarbeitet werden. Falls der Stoff sehr locker gewebt ist, solltest du vor die Overlocknaht eine Stütznaht mit der Nähmaschine setzen.

Musselin sollte so zugeschnitten werden wie er „fällt". Das bedeutet, dass du vor dem Zuschnitt den Stoff zwar waschen solltest (er läuft z. T. erheblich ein), aber auf keinen Fall bügeln. Sobald Musselin nass wird, findet er in seine ursprüngliche Kräuselung zurück, sodass das Kleidungsstück nach der Wäsche zu eng sein könnte, falls der Stoff vor dem Zuschneiden gebügelt wurde.

LEINEN UND LEINENMISCHGEWEBE

Kühl, robust und sehr wandelbar, so präsentiert sich einer der absoluten Lieblingsstoffe vieler Nähfans. Der natürliche Stoff weist eine etwas unregelmäßige Webart auf, franst leicht aus und entwickelt beim Tragen einen edlen Knitter. Wenn du darauf nicht so stehst, greifst du am besten zu Leinenmischgewebe, das zum Beispiel Viskose enthält. Leinen-Viskose-Mix zeichnet sich dadurch aus, dass er die Struktur von Leinen mit der kühlen Glätte von Viskose verbindet.

Verarbeitung: Universalnadel, Stärke 70–90

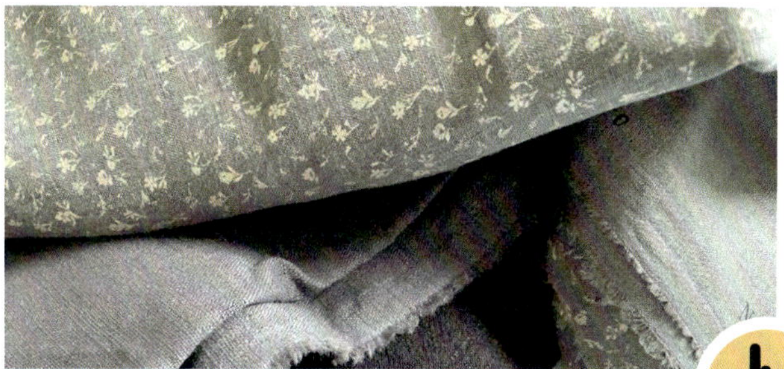

Wenn du reines Leinen magst, dich aber das leichte Piezen der Fasern beim Tragen stört, solltest du den Stoff (und/oder das fertige Kleidungsstück) vor dem ersten Tragen mehrmals waschen. Dadurch brechen die feinen Fasern, der Stoff wird glatter, weicher, saugfähiger und angenehmer zu tragen.

BATIST

Feines, aber festes Gewebe, das herrlich leicht auf der Haut liegt; seine glänzende Oberfläche gibt ihm einen kühlen Griff; Batist ist besonders für Anfänger sehr zu empfehlen, weil der Stoff aufgrund seiner dichten Webart nicht zum Ausfransen neigt.

VISKOSE

Ein feiner, leichter Stoff mit kühlem Griff, der sich wunderbar für luftige Sommerkleidung eignet. Viskose wird aus Reststoffen der Holzwirtschaft hergestellt und gilt als nachhaltiger Stoff.
Verarbeitung: Universalnadel, Stärke 70–80

Wirkware

Wirkware sind Stoffe, die auf großen Industriestrickmaschinen hergestellt wurden. Die Verarbeitungstechnik ist der Grund dafür, dass viele gewirkte Stoffe elastisch sind. Zur Wirkware gehören ganz unterschiedliche Stoffe.

JERSEY

Ein weicher Stoff aus Baumwolle, oft mit einem kleinen Anteil Elasthan, der die Dehnbarkeit unterstützt und dafür sorgt, dass das Kleidungsstück beim Tragen in Form bleibt. Jersey fühlt sich geschmeidig und weich auf der Haut an und lässt sich gut zu T-Shirts, Leggings, Tuniken, Kleidern oder Unterwäsche verarbeiten.
Du kannst Jersey mit einem elastischen Stich deiner Nähmaschine nähen, zum Beispiel einem schmalen Zickzackstich oder einem Dreifach-Geradstich. Aber auch die Overlock ist perfekt für die Verarbeitung des soften, dehnbaren Stoffs.
Verarbeitung: Jersey- oder Stretchnadel, Stärke 60–80

SWEAT

Etwas dicker und fester als Jersey, macht sich Sweat sehr gut als Material, aus dem Hoodie- und Sweaterträume sind. Es gibt aber unzählige verschiedene Verarbeitungsarten und Zusammensetzungen, die dem meist elastischen Stoff unterschiedliche Eigenschaften verleihen können.
Verarbeitung: Jersey- oder Stretchnadel, Stärke 70–90

Solltest du einen Sweatstoff verarbeiten, der weniger dehnbar ist, kann es passieren, dass sich das daraus zugeschnittene Halsbündchen nicht so schön anschmiegt. Nähe das Halsbündchen in diesem Fall entweder aus einem farblich passenden Bündchenstoff. Oder du schneidest das Bündchen diagonal zum Fadenlauf zu. Das erhöht die Dehnbarkeit eines eher unelastischen Sweatstoffs.

ROMANIT

Ein schwerer, dehnbarer Stoff mit glattem Fall und fester Wirkstruktur. Bestens geeignet für Hosen, Sweater, Jacken, Capes und vieles mehr. Romanit bietet sich aufgrund seines edlen Looks ausgesprochen gut für Büro-Outfits an, die gleichzeitig lässig und bequem sind.

Verarbeitung: Jersey- oder Stretchnadel, Stärke 70–90

BÜNDCHENSTOFF

Bündchenstoffe werden meist als Schlauchware verkauft, also so, wie sie aus der Strickmaschine kommen, die im Rundstrickverfahren arbeitet. Üblicherweise verwendet man den Stoff als Abschluss von Ärmeln, am Halsausschnitt oder Saum.

Verarbeitung: Jersey- oder Stretchnadel, Stärke 70–90

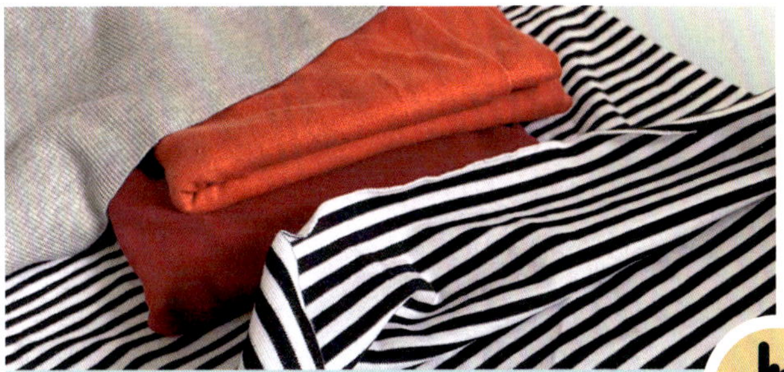

Du kannst den Stoff vorab waschen, aufs Bügeln solltest du aber verzichten, weil die gerippte Wirkware sonst ausleiert.
Du kannst auch ganze Kleidungsstücke aus Bündchenware nähen.

VERARBEITUNG unterschiedlicher Stoffe

Nähprojekte gelingen immer dann besonders gut, wenn sie den Eigenschaften der verwendeten Stoffe Rechnung tragen. Deshalb schauen wir uns als Nächstes an, wie die verschiedenen Materialien verarbeitet werden und was du dabei beachten solltest.

Gewirkte Stoffe mit der Nähmaschine verarbeiten

Stoffe wie Jersey, French Terry oder Sweat werden gewirkt, also auf großen Industriestrickmaschinen gestrickt. Das macht sie dehnbar. Du kannst dehnbare Stoffe sehr gut mit einem elastischen Stich deiner Nähmaschine oder mit der Overlock nähen. Die Overlock ist gerade für elastische Stoffe super, weil sie schöne dehnbare Nähte erzeugt, die das fertige Teil auch von innen picobello aussehen lassen. Perfekt ist eine Kombination aus Overlock und Nähmaschine. In einigen Anleitungen in diesem Buch verwende ich beide Maschinen. Aber keine Sorge: Eine Nähmaschine erledigt den Job tadellos, wenn du ein paar Punkte beachtest.

NÄHMASCHINENNADEL: Setze zum Nähen elastischer Stoffe eine Nähmaschinennadel ein, die zum Stoff passt. Eine Jersey- oder Stretchnadel ist zum Beispiel toll, wenn du Jersey verarbeiten möchtest. Für feine, sehr dehnbare Stoffe wie Lycra oder Funktionsjersey (z. B. für Top Sisco) kannst du auch eine Microtex-Nadel verwenden.

NÄHFUSS: Ein Obertransportfuß unterstützt deine Nähmaschine dabei, den Stoff gleichmäßig zu transportieren. Dadurch werden die Nähte gleichmäßiger und sehen schöner aus.

NÄHFUSSDRUCK UND FADENSPANNUNG: Jede Nähmaschine näht anders – deine auch. Deshalb ist es sinnvoll, die Einstellungen der Nähmaschine zu testen, bevor es ans eigentliche Projekt geht. Probiere unterschiedliche Maschineneinstellungen an einem ein Stück des Stoffes, den du verarbeiten möchtest, aus. Du wirst vielleicht erstaunt sein, was für einen Unterschied eine leicht gelockerte Fadenspannung oder ein veränderter Nähfußdruck machen können.

NÄHGARN: Hochwertiges Nähgarn ist das A und O beim Nähen. Ist das Nähgarn flusig, glanzlos und ungleichmäßig gezwirnt, heißt es: Finger weg! Gutes Garn kostet nicht die Welt und erspart dir den Anblick gerissener oder welliger Nähte.

NÄHTE FÜR ELASTISCHE STOFFE: Wenn du mit der Nähmaschine statt mit der Overlock nähst, sollten die Stiche dehnbar sein. Das ist wichtig, damit die Nähte „mitgehen" können, also sich mit der Elastizität des Stoffes mitbewegen. Sonst kann es passieren, dass die Nähte zu sehr unter Spannung geraten und reißen. Perfekt zum Zusammennähen von Stoffteilen ist zum Beispiel ein schmaler Zickzackstich (Stichlänge 2–2,5 mm, Strichbreite 1–1,5 mm). Zum Absteppen von Säumen, Paspeln oder Ausschnitten kannst du eine Zwillingsnadel verwenden. Oder du probierst einen Dreifach-Zickzackstich, einen Dreifach-Geradstich oder einen hübschen elastischen Zierstich. Erlaubt ist, was gefällt.

Schaff dir ein Näh-Journal an und klebe kleine Stücke der Stoffe, die du verarbeitet hast hinein. Dazu notierst du dir die Nähmaschineneinstellungen, die am besten funktioniert haben. Dann bleibt die perfekte Naht kein einmaliges Ereignis, sondern lässt sich (für maximales Nähglück) immer wiederholen.

Gewebte Stoffe verarbeiten

So toll eine Overlock ist: Zum dauerhaften Zusammennähen von gewebten Stoffen wie Baumwoll-Popeline, Leinen oder anderen unelastischen Stoffen eignet sie sich nur dann, wenn du vor die Overlocknaht eine Stütznaht mit der Nähmaschine setzt. Dann allerdings ist die Naht nicht nur fantastisch versäubert, sondern auch sehr haltbar.

Du kannst auch, wie ich es in der ein oder anderen Anleitung zeige, zuerst die Stoffkanten mit der Overlock versäubern und anschließend mit der Nähmaschine zusammennähen. Das hat den Vorteil, dass du die Nahtzugaben auseinanderbügeln und damit schön flach halten kannst.

NÄHMASCHINENNADEL: Gewebte Stoffe lassen sich sehr gut mit einer Universalnadel in der entsprechenden Stoffstärke verarbeiten. Hast du eine feste, sehr stabile Webware wie Denim oder Canvas in Arbeit, lohnt sich der Griff zu einer Jeansnadel. Und wenn du es besonders ernst meinst mit dem Nähspaß, kannst du zum Absteppen eine Steppnadel verwenden, mit der du die weltschönsten Steppnähte produzierst.

NÄHFUSS: Ein ganz normaler Zickzackfuß ist die beste Wahl für die Verarbeitung von Webware, weil er sowohl Geradstiche als auch Zickzackstiche zum Versäubern ermöglicht.

NÄHFUSSDRUCK UND FADENSPANNUNG: Teste verschiedene Varianten an Stoffresten. Für die Modelle in diesem Buch ist eine mittlere Einstellung für die meisten Maschinen perfekt.

NÄHTE FÜR GEWEBTE STOFFE: Zum Zusammennähen von Schnittteilen aus Webware bietet sich ein Geradstich mit mittlerer Stichlänge von 2,5 mm an. Zum Absteppen und Säumen machen etwas größere Stichlängen von 3–3,5 mm besonders gleichmäßige Nähte.

Probiere zum Feststeppen von Belegen am Oberstoff die Zierstiche aus, die deine Nähmaschine kann. Ob dezent Ton in Ton oder in einem auffälligen Kontrast – mit schönen Ziernähten sorgst du für einen Extra-Hingucker.

BEVOR *du mit dem Nähen* STARTEST

- Wasche den Stoff nach den Pflegehinweisen des Herstellers, und zwar mit derselben Temperatur, die du auch für das fertige Kleidungsstück wählen würdest. Wenn du einen Stoff verarbeitest, den du als fertiges Stück chemisch reinigen lassen möchtest, ist das Vorwaschen nicht nötig.

- Nach dem Trocknen solltest du den Stoff sorgfältig bügeln. Das ist deshalb unverzichtbar, weil du ihn dadurch glättest und für die weitere Verarbeitung vorbereitest. Glatter Stoff kann viel akkurater geschnitten und vernäht werden. Beim Bügeln kannst du den Stoff auch gleich auf Webfehler oder Farbabweichungen überprüfen und diese Stellen beim Zuschneiden gegebenenfalls aussparen.

- Lege alle Materialien bereit und lies dir die Anleitung einmal komplett durch.

- Kopiere das Schnittmuster in der richtigen Größe. Weil mehrere Schnitte auf einem Schnittbogen übereinander abgebildet sind, kann es hilfreich sein, die benötigten Schnittlinien mit einem Bleistift nachzuziehen, damit du sie durch das Kopierpapier gut erkennen kannst.

- Übertrage beim Kopieren auch die Markierungen und Passzeichen, und beschrifte ebenfalls die Stoffbrüche der Schnittteile.

- Schneide den Stoff mithilfe des Schnittmusters aus und übertrage die Markierungen und Passzeichen vom Schnittmuster auf den Stoff.

MASSTABELLEN

Alle Angaben in cm.

YOLA Seite 30

Größe	32	34	36	38	40	42	44	46	48	50	52	54	56	58	60
1/2 Brustweite	47	49	51	53	55	57	59	62	65	68	71	74	77	80	83
1/2 Saumweite	47,9	49,9	51,9	53,9	55,9	57,9	59,9	62,9	65,9	68,9	71,9	74,9	77,9	80,9	83,9
Länge hintere Mitte	69,4	69,6	69,8	70	70,2	70,4	70,6	70,8	71	71,2	71,4	71,6	71,8	72	72,2
Ärmellänge • kurz	25	25,9	26,7	27,6	28,5	29,4	30,3	31,8	33,2	34,7	36,2	37,8	39,3	40,8	42,4
• dreiviertel	44,8	45,5	46,2	46,9	47,6	48,3	49	49,7	50,4	51,1	51,8	52,5	53,2	53,9	54,6
1/2 Oberarmweite	20,3	21,1	21,8	22,6	23,4	24,1	24,9	25,7	26,5	27,3	28,1	28,9	29,7	30,5	31,3
1/2 Ärmelsaumweite • kurz	19	19,7	20,4	21,1	21,8	22,5	23,2	23,9	24,5	25,2	25,9	26,5	27,1	27,8	28,4
• dreiviertel	15	15,5	16	16,5	17	17,5	18	18,5	19	19,6	20,2	20,8	21,4	22	22,5

ENNIS Seite 76

Größe	32	34	36	38	40	42	44	46	48	50	52	54	56	58	60
1/2 Brustweite	45	47	49	51	53	55	57	60	63	66	69	72	75	78	81
1/2 Saumweite	45	47	49	51	53	55	57	60	63	66	69	72	75	78	81
Länge hintere Mitte	55,4	55,6	55,8	56	56,2	56,4	56,6	56,8	57	57,2	57,4	57,6	57,8	58	58,2
Schulterbreite	9,5	10	10,5	11	11,5	12	12,5	13,2	13,9	14,6	15,3	16	16,7	17,4	18,1
Höhe Saumbund	6	6	6	6	6	6	6	6	6	6	6	6	6	6	6
Breite Einfassstreifen Armloch, Hals	3	3	3	3	3	3	3	3	3	3	3	3	3	3	3

MINZE Seite 20

Größe	32	34	36	38	40	42	44	46	48	50	52	54	56	58	60
1/2 Brustweite	47,6	49,6	51,6	53,6	55,6	57,7	59,7	62,8	65,8	68,9	71,9	74,9	77,9	81	84
1/2 Taillenweite	47	49	51	53	55	57	59	62	65	68	71	74	77	80	83
1/2 Saumweite															
• T-Shirt	51,6	53,7	55,7	57,8	59,9	61,9	64	67,1	70,2	73,3	76,4	79,5	82,6	85,7	88,8
• Tunika	58,7	60,7	62,7	64,7	66,8	68,8	70,8	73,9	76,9	80	83,1	86,2	89,2	92,3	95,4
Schulterbreite	7,9	8,1	8,3	8,5	8,7	8,9	9,1	9,4	9,7	10	10,3	10,6	10,9	11,2	11,5
Länge hintere Mitte															
• Shirt	58,5	59	59,5	60	60,5	61	61,5	62	62,5	63	63,5	64	64,5	65	65,5
• Tunika	83,5	84	84,5	85	85,5	86	86,5	87	87,5	88	88,5	89	89,5	90	90,5
Ärmellänge (ohne Manschette)															
• kurz	18,3	18,9	19,4	19,9	20,5	21	21,5	22	22,5	23	23,5	23,9	24,4	24,9	25,4
• dreiviertel	38,2	38,7	39,3	39,8	40,3	40,8	41,3	41,8	42,3	42,8	43,3	43,8	44,3	44,9	45,4
• lang	54,5	55	55,5	56	56,5	57	57,5	58	58,5	59	59,5	60	60,5	61	61,5
1/2 Oberarmweite	19	19,7	20,3	21	21,7	22,4	23,1	24,2	25,3	26,4	27,4	28,5	29,5	30,6	31,7
1/2 Ärmelsaumweite															
• kurz	18,1	18,7	19,3	20	20,7	21,3	22	23	24	25	26	26,9	27,9	28,9	29,9
• dreiviertel	14,5	14,9	15,4	15,9	16,4	16,8	17,3	18	18,6	19,3	19,9	20,5	21,1	21,8	22,4
• lang	11,8	12	12,2	12,5	12,8	13	13,2	13,5	13,8	14	14,2	14,5	14,8	15	15,2
Manschettenbreite	5	5	5	5	5	5	5	5	5	5	5	5	5	5	5

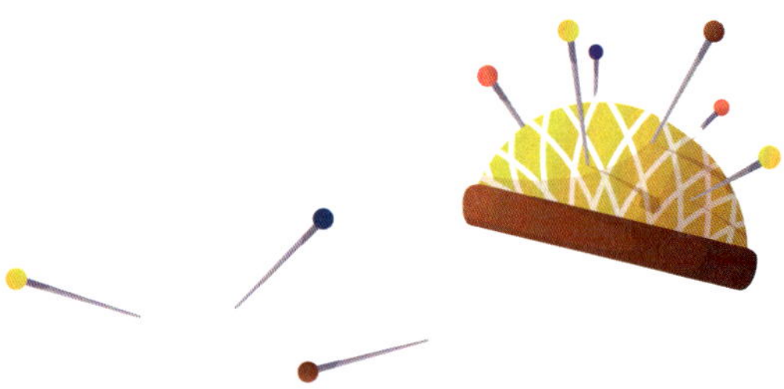

ROSARIO Seite 38

Größe	32	34	36	38	40	42	44	46	48	50	52	54	56	58	60
1/2 Brustweite	44	46	48	50	52	54	56	59	62	65	68	71	74	77	80
1/2 Taillenweite	42,5	44,5	46,5	48,5	50,5	52,5	54,5	57,5	60,5	63,5	66,5	69,5	72,5	75,5	78,5
1/2 Saumweite															
• Shirt	54,8	56,9	59	61,1	63,3	65,4	67,6	70,9	74,1	77,4	80,6	83,9	87,2	90,4	93,8
• Tunika	59,7	61,8	63,9	66	68	70,2	72,3	75,4	78,6	81,9	85	88,3	91,5	94,7	98
Schulterbreite	8,9	9,1	9,3	9,5	9,7	9,9	10,1	10,4	10,7	11	11,3	11,6	11,9	12,2	12,5
Länge hintere Mitte															
• Shirt	58,5	59	59,5	60	60,5	61	61,5	62	62,5	63	63,5	64	64,5	65	65,5
• Tunika	68,5	69	69,5	70	70,5	71	71,5	72	72,5	73	73,5	74	74,5	75	75,5
Ärmellänge (ohne Manschette)															
• kurz	17,6	18,2	18,7	19,2	19,8	20,3	20,8	21,3	21,8	22,3	22,8	23,3	23,8	24,3	24,8
• dreiviertel	37,8	38,4	38,9	39,4	39,9	40,4	41	41,5	42	42,5	43	43,5	44	44,5	45
• lang	59,5	60	60,5	61	61,5	62	62,5	63	63,5	64	64,5	65	65,5	66	66,5
1/2 Oberarmweite	17	17,7	18,3	19	19,7	20,4	21,1	22,2	23,3	24,4	25,5	26,5	27,6	28,7	29,8
1/2 Ärmelsaumweite															
• kurz	16,7	17,2	17,7	18,2	18,8	19,3	19,9	20,8	21,7	22,7	23,5	24,4	25,3	26,2	27,2
• dreiviertel	14	14,3	14,7	15,1	15,5	15,9	16,3	16,8	17,3	17,9	18,4	19	19,5	20,1	20,6
• lang	11,8	12	12,2	12,5	12,8	13	13,2	13,5	13,8	14	14,2	14,5	14,8	15	15,2
Manschettenbreite	5	5	5	5	5	5	5	5	5	5	5	5	5	5	5

Alle Angaben in cm.

ARLETT Seite 48

Größe	32	34	36	38	40	42	44	46	48	50	52	54	56	58	60
1/2 Brustweite	40	42	44	46	48	50	52	55	58	61	64	67	70	73	76
1/2 Taillenweite	36,5	38,5	40,5	42,5	44,5	46,5	48,5	51,5	54,5	57,5	60,5	63,5	66,5	69,5	72,5
1/2 Saumweite	42,6	44,6	46,7	48,8	50,9	53	55,1	58,2	61,2	64,3	67,4	70,5	73,6	76,7	79,8
Schulterbreite	9,4	9,6	9,9	10,2	10,4	10,7	10,9	11,2	11,5	11,9	12,2	12,5	12,8	13,2	13,5
Länge hintere Mitte	56,5	57	57,5	58	58,5	59	59,5	60	60,5	61	61,5	62	62,5	63	63,5
Ärmellänge • kurz	13,4	14,2	14,9	15,7	16,4	17,2	17,9	18,7	19,6	20,4	21,3	22,1	23	23,8	24,7
• dreiviertel	37,9	38,1	38,3	38,5	38,7	38,9	39,1	39,3	39,5	39,7	39,9	40,1	40,3	40,5	40,7
• lang	60,4	60,6	60,8	61	61,2	61,4	61,6	61,8	62	62,2	62,4	62,6	62,8	63	63,2
1/2 Oberarmweite	17,2	17,8	18,4	19,1	19,7	20,4	21,1	22,2	23,3	24,4	25,4	26,2	27,1	28,1	29
1/2 Ärmelsaumweite • kurz	16,7	17,2	17,7	18,3	18,9	19,5	20,1	21	21,9	22,9	23,9	24,6	25,3	26,1	26,8
• dreiviertel	12,9	13,4	13,8	14,3	14,7	15,2	15,7	16,3	17	17,7	18,6	19,2	19,8	20,5	21,2
• lang	10,2	10,5	10,8	11	11,2	11,5	11,8	12	12,2	12,5	12,8	13	13,2	13,5	13,8
Höhe Rollkragen (umgeschlagen)	7,5	7,5	7,5	7,5	7,5	7,5	7,5	7,5	7,5	7,5	7,5	7,5	7,5	7,5	7,5

SAWA Seite 58

Größe	32	34	36	38	40	42	44	46	48	50	52	54	56	58	60
1/2 Brustweite	55	57	59	61	63	65	67	70	73	76	79	82	85	88	91
1/2 Saumweite	55	57	59	61	63	65	67	70	73,1	76,1	79,1	82,1	85,1	88,1	91,1
Länge hintere Mitte (ohne Bündchen)	66,4	66,6	66,8	67	67,2	67,4	67,6	67,8	68	68,2	68,4	68,6	68,8	69	69,2
Schulterbreite	17,5	18	18,5	19	19,5	20	20,5	21,2	21,9	22,6	23,3	24	24,7	25,4	26,1
Höhe Saumbündchen • vorne	5	5	5	5	5	5	5	5	5	5	5	5	5	5	5
• hinten	8	8	8	8	8	8	8	8	8	8	8	8	8	8	8
Ärmellänge (ohne Bündchen)	44	44,5	45	45,5	46	46,5	47	47,5	48	48,5	49	49,5	50	50,5	51
1/2 Oberarmweite	24,4	24,8	25,2	25,6	26	26,4	26,8	27,6	28,3	29,1	29,9	30,7	31,5	32,4	33,2
1/2 Ärmelsaumweite	10,2	10,5	10,8	11	11,2	11,5	11,8	12	12,2	12,5	12,8	13	13,2	13,5	13,8
Höhe Ärmelsaumbündchen	7	7	7	7	7	7	7	7	7	7	7	7	7	7	7
Höhe Halslochbündchen	3	3	3	3	3	3	3	3	3	3	3	3	3	3	3

SISCO Seite 12

Größe	32	34	36	38	40	42	44	46	48	50	52	54	56	58	60
1/2 Brustweite	38	40	42	44	46	48	50	53	56	59	62	65	68	71	74
1/2 Taillenweite	37,8	39,8	41,8	43,7	45,7	47,7	49,5	52,6	55,6	58,5	61,5	64,5	67,4	70,4	73,4
1/2 Saumweite	41,9	43,9	45,9	47,9	49,9	52	54	57	60	63	66,3	69,1	72,1	75,1	78,2
Schulterbreite	3,5	3,5	3,5	3,5	3,5	3,5	3,5	3,7	3,9	4,1	4,3	4,5	4,7	4,9	5,1
Länge hintere Mitte	60,5	61	61,5	62	62,5	63	63,5	64	64,5	65	65,5	66	66,5	67	67,5

QUINN Seite 66

Größe	32	34	36	38	40	42	44	46	48	50	52	54	56	58	60
1/2 Brustweite	42	44	46	48	50	52	54	57	60	63	66	69	72	75	78
1/2 Taillenweite	40	42	44	46	48	50	52	55	58	61	64	67	70	73	76
1/2 Saumweite															
• Shirt	57,6	59,7	61,9	64,1	66,3	68,5	70,7	73,9	77,1	80,2	83,4	86,6	89,8	92,9	96,1
• Tunika	67	69,2	71,3	73,5	75,6	77,8	79,9	83,1	86,2	89,4	92,6	95,7	98,9	102	105,2
Schulterbreite	8,1	8,4	8,7	9	9,3	9,6	9,9	10,2	10,5	10,8	11	11,2	11,4	11,6	11,8
Länge hintere Mitte															
• Shirt	62,4	62,6	62,8	63	63,2	63,4	63,6	63,8	64	64,2	64,4	64,6	64,8	65	65,2
• Tunika	77,4	77,6	77,8	78	78,2	78,4	78,6	78,8	79	79,2	79,4	79,6	79,8	80	80,2
Ärmellänge															
• kurz	15,5	16,3	17,1	17,9	18,6	19,3	20	20,8	21,5	22,3	23,1	23,9	24,7	25,5	26,3
• dreiviertel	37,9	38,1	38,3	38,5	38,7	38,9	39,1	39,3	39,5	39,7	39,9	40,1	40,3	40,5	40,7
• lang	60,4	60,6	60,8	61	61,2	61,4	61,6	61,8	62	62,2	62,4	62,6	62,8	63	63,2
1/2 Oberarmweite	17,5	18,1	18,8	19,4	20,1	20,8	21,5	22,6	23,8	25	26,1	27	28	29	30,1
1/2 Ärmelsaumweite															
• kurz	16,9	17,5	18	18,6	19,2	19,8	20,4	21,4	22,4	23,4	24,5	25,3	26,1	26,9	27,7
• dreiviertel	13,5	13,9	14,4	14,9	15,4	15,8	16,3	17	17,8	18,6	19,5	20,1	20,8	21,5	22,3
• lang	10,8	11	11,2	11,5	11,8	12	12,2	12,5	12,8	13	13,2	13,5	13,8	14	14,2

Alle Angaben in cm.

Noch mehr Titel von Sabine von SewSimple für Nähbegeisterte:

ISBN 978-3-7724-4880-5

ISBN 978-3-7358-7011-7

ISBN 978-3-7358-7010-0

Weitere Ideen zum Nähen gesucht ...

ISBN 978-3-7358-7052-0

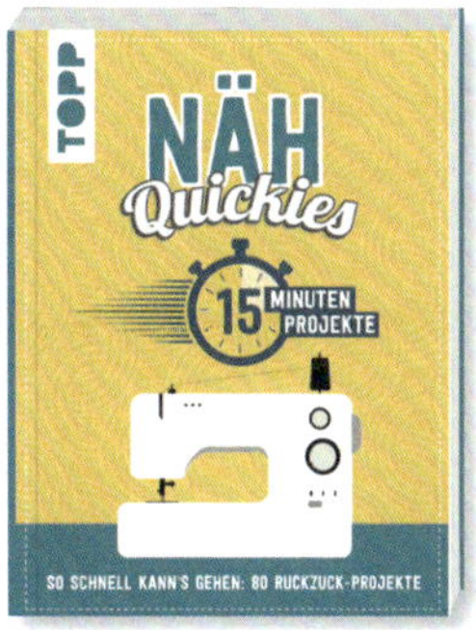

ISBN 978-3-7358-7046-9

ISBN 978-3-7358-7044-5

ISBN 978-3-7358-7022-3

ISBN 978-3-7358-7005-6

ISBN 978-3-7724-4835-5

ISBN 978-3-7724-4841-6

ISBN 978-3-7358-7028-5

ISBN 978-3-7724-4831-7

Noch mehr Kreativ-Bücher findest du auf www.TOPP-kreativ.de

Sabine Schmidt ist Autorin, Bloggerin und Modemacherin. Auf ihrem Blog SewSimple feiert Sabine mit Schnittmustern, Anleitungen, Know-how und Kursen ihre Leidenschaft fürs Nähen und stiftet damit auch viele andere zu hinreißenden Projekten an. Über Social Media erreichen ihre humorvollen Videos, Tipps und Nähtricks täglich unzählige Nähfans. Seit 2016 steht SewSimple für anfängerfreundliche Anleitungen, hinreißende Schnittmuster und maximales Nähglück.

DANKE

Mein besonderer Dank geht an Simone Fuchs-Schulz vom Nähcafé am Wasserturm (Nienburg), die die wunderschönen Modelle genäht hat, die ich auf den Fotos trage. Vielen Dank an mein Team von SewSimple und das Team von Schnittstelle Hamburg. Herzlichen Dank sage ich an dieser Stelle auch an Jens Wittenburg vom Atelier43 in Ratzeburg, in dessen Fotostudio ein Teil der Bilder entstanden ist, sowie an die Teams von Stoffe Hemmers, Nähcafé am Wasserturm, Stoffe.de, Hilco und Swafing, die mich bei diesem Buchprojekt mit Materialien unterstützt haben.

FÜR ERIKA UND CHRISTEL

Hilfestellung zu allen Fragen, die Materialien und Kreativbücher betreffen:
Frau Erika Noll berät Sie. Rufen Sie an oder schreiben Sie eine E-Mail:
Telefon: 07 11 / 12 37 57 20* *normale Telefongebühren
E-Mail: mail@kreativ-service.info

Der Download-Code lautet: 55308

FOTOS: frechverlag GmbH, 70839 Gerlingen, lichtpunkt, Michael Ruder, Stuttgart (Seite 13, 17, 19, 21, 27, 31, 39, 49, 55, 58, 67, 76, 82, 85, 87; Susanna Kolmos, Büchen, https://www.instagram.com/susanna.kolmos/ (Cover, Seite 8, 29, 37, 47, 57, 59, 65, 75); Sabine Schmidt (alle Arbeitsschritte, Seite 91-97, 98

HAARE UND MAKE-UP: Jennifer Krzechki, Stuttgart

MODELS: Nicole Hamann, Sarina Wiedemann

PRODUKTMANAGEMENT: Claudia Mack

LEKTORAT: Christine Schlitt, Worms

UMSCHLAG: Tatjana Weiß

LAYOUT UND GESTALTUNG: Petra Theilfarth

DRUCK UND BINDUNG: Neografia, Slowakei

2. Auflage 2023

ISBN 978-3-7358-7037-7 • Best.-Nr. 27037

MIX Papier | Fördert gute Waldnutzung FSC® C020353

Penguin Random House Verlagsgruppe FSC® N001967